教育之法

The Laws of Education

大川隆法

Ryuho Okawa

信仰與實學之間

人們對學校的信賴、熱心於教育的教師、
渴望於學習的學生，此書想要實現如此理想的教育！

前言

本書是一個宗教家以現職教育者的身分，嘗試書寫的著作。

教育上有許多複雜的問題，但說穿了其實就是家長對學校是否信任、教師的性格是否熱心，以及學生是否渴望有所成長；這就是教育問題的全部。

追求真正理想教育的挑戰才剛開始，我抱持著謙虛的心，希望自己能夠成為一個以精進及向上為食糧的指導者。

幸福科學集團創辦人兼總裁
（幸福科學學園創辦人）
大川隆法

教育之法 目錄

目錄

第三章　宗教教育的目標——幸福科學學園創辦人的想法

目錄

四、要如何教授每一門課

第一章

教育改革——爲了培養宗教心和企業家精神

一、教育的意義

教育擁有改變人類的「魔力」

「教育問題」和「教育改革問題」是日本目前面臨的重要課題，同時也是幸福實現黨的主要政策之一，我將在本章中談談我對這兩個問題的看法。

關於教育問題，我之前已經論述過許多內容，也出版了一本名為《根據福澤諭吉靈言之「新・勸學」》。此外，我還實際推動了防制校園霸凌的具體活動。

在本章中，我想從不同的角度來討論教育這個問題。

首先，我請各位想想何謂「教育的意義」？

基本上，我認為教育非常符合佛法真理所說的「緣起的理法」，也就是「原因（因）加上條件（緣），產生結果（果），連帶產生影響（報）」（**因緣果報**）的法則。

除了日本之外，美國等其他國家也有類似的情形；「透過教育改變人生」是一個很重要的特徵。

例如，透過在學校進修，能夠決定一個人未來會選擇何種職業、走入何種社會，或者是決定了是否會從事和父母親一樣的職業。

由此可看出，教育在每個人創造此次的人生時，扮演了非常重要的角色。從某個角度來說，我們可以透過教育，經歷完全不同的人生，藉由不同的學校或主修科目，就可以改變自己的人生。

當然，或許在此期間當中，家裡經濟狀況會改變，學習環境、學校的校風、認識不同的老師和朋友，種種條件交錯在一起，進而創造出一個人生。

也就是說，教育在某種意義上像是一種「魔法」。

這道理不只適用於日本戰後，戰前也一樣。舉例來說，某人雖出生於鄉下的石匠家庭，但他戮力向學，最後成為了總理大臣；這個人就是傳記小說《落日燃燒》（**城山三郎著，日本新潮社出版**）中的主角。

他雖然在戰後被判為A級戰犯處死，下場十分淒慘，但這個例子仍清楚說明了教育的效果，「只要讀書，就可以靠自己的力量魚躍龍門，成為日本的領導人」；而戰前的日本也有類似的機會。

此外，再往前追溯到明治時代的話，當時接受過教育的人並不多，更不用說是留學歸國的人，他們和一般人簡直是天差地別。喝過洋墨水和沒喝過洋墨水的人之間，有著天壤之別。

從這點來看，我們無法否認「教育擁有改變人類的極大力量」。

在經濟高度成長之後，喪失目標的日本

當日本處於經濟高度成長期時，人們都拼命念書，也很清楚自己應該做的事。當時人們都拼命朝著「山坡上的白雲」，也就是朝著「為了追求經濟成長，過更好的生活，必須從事更高階的職業，賺取更好的收入」的目標奔跑。然而，在日本進入先進國家的前段班之後，便喪失了目標。

在喪失目標之後，人們開始轉而認為「放鬆快樂」才是重要的，連帶學力（**編注：透過學校的系統教育進而獲得之能力，簡稱「學力」**）也逐漸降低，每個人開始希望這個社會能夠更輕鬆、更有趣一些。也就是說，日本經歷了「高原狀態」後，現正面臨是否會往下坡走的關鍵。

但是，正是在人們認為「該做的事都做了，接下來就只能依靠慣性行走下去，或許會漸漸往下走吧」的時候，幸福實現黨企圖讓人們重新振作。

各位必須了解到，學問和教育具有一種非常神秘的力量。一個默默無聞的人，可以透過學問和教育，在某個特定領域中，創造出優越的成績。而這個關鍵就是教育。當然光靠教育是不夠，但至少在接受教育之後，在現實社會中實際運用時，更能夠充分展現才能，而學校的老師也必須充分了解教育的重要。

二、日本國民教育的問題點

過去國民教育的成功，讓日本得以發展

目前主要的問題是日本的國民教育。如果從明治時期之後的一百多年來

看，日本的國民教育在某種程度上，堪稱是成功的。

當時除了義務教育之外，期間還舉辦免費的教育，再加上學校老師熱情十足，百姓學習欲望旺盛，因此識字率變得非常高。而日本之所以能夠成功，就是因為當時培養出許多能夠讀寫的孩子。

目前活躍於經濟領域的經濟學家辜朝明，曾在自己的書中提到父親說過的一段話。

父親對他說：「你知道日本為什麼會發展嗎？你看看他們的學校，日本的百姓雖然很貧窮，到處都是木造的房子，只有學校蓋了許多鋼筋水泥的建築，這就是日本發展的理由。」

我曾經在他的書中看過他所寫的這段話：「為了教育花錢不手軟，就是國家發展的理由。」我也認為日本過去確實是因為教育而成功。

但是日本在一九八〇年代經濟高度成長之後，就變得和以前不一樣了。

從一九八〇到一九九〇年代之後，日本對於是否能夠超越美國，向前更進一步顯得猶豫不決。日本一直以來雖然追隨美國的腳步不斷地前進，但現在對於是否應該將美式社會直接複製到日本，開始出現迷惘。

也就是說，因為日本有著特有的平等性以及平等教育的優點，對於是否應該轉型成為競爭激烈、重視個性的美式社會，感到裹足不前。人們認為日本的經濟已經發展到某個程度，百姓也十分富裕，應該到此就好了。日本就是在如此階段前停下了腳步，找不到下一個目標；這就是至今大致的潮流。

公立小學所教授的是「處世之術」

我也不是空口說白話，事實上，我也養育了五個孩子，正在培育他們長大，對於每個孩子都有不同的體驗。

我雖然不好將自己的育兒經驗公開，但我也不是紙上談兵，對於在不同學校進行的各種教育，對孩子產生了何種影響，我可說是經驗豐富，非常有心得。

在創辦幸福科學學園之前，我盡可能讓自己的孩子就讀不同的學校，藉此觀察學校進行了何種教育。遺憾的是，日本的公立小學實在沒有哪一間是值得推薦的。

不過，關於這一點，以前的情況也差不多。因為我讀小學時只顧著玩，所以公立小學或許非常適合我，但似乎就不太適合現在住在都市裡、升學競爭較激烈地區的孩子。

我的每個小孩在上小學之前，都被人說是「天才兒童」。因為他們五個在上小學之前，智商都高達一百六十至一百七十，但是在上了公立小學之後頭腦明顯地變得不好，對此我感到莫可奈何。感覺就好像是大腦開始退化，我納悶他們到底在學校學了什麼，結果發現公立小學教的其實是「處世之術」，他們教孩子如何在社會中存活謀生。

對於這一點我或許應該感謝他們；這個世界中有各種各樣的人，你只要稍微特立獨行，就會被扯後腿、被欺負。而學校教育孩子在這樣的社會中，如何才能不落人後生存下去。

學校的老師試圖教出「合群的孩子」

我的孩子資質並不差，但是上了公立小學之後，卻發現具協調性、懂得自我壓抑的孩子，得到的評價會較高；而具有強烈個性的孩子，會被歸類為適應不良的問題兒童。

太有個性的孩子確實容易和人產生衝突，對於必須照顧班上幾十個學生的老師來說，這些孩子或許會讓他們覺得棘手。聽話的孩子教起來比較輕鬆，所以老師會試圖將孩子教成這個樣子。

此外，還有一件事和以前不一樣。以往在公立小學，只要是會讀書的孩子就可以成為班長，擔任老師的左右手，負責管理班上的同學。但現在都市裡的孩子，成績好的都得上補習班，沒有人有這個閒工夫。

這些孩子在競爭的世界裡，習慣踩著別人往上爬，不會想要照顧或善待其他的同學，這點和以前的孩子非常不同。

因為這些成績優秀的孩子會反抗老師，容易使班級管理產生問題。如果這些會讀書的孩子，能夠負責管理班上的同學，聽從老師的指揮帶領同學的話，班級就不容易出問題。但因為學校教的東西他們都會了，所以覺得無聊，到學校只是為了來玩、來消除壓力的，所以才會導致班級管理產生問題。

因此，公立小學不適合程度較差或較佳的孩子，也許只適合一部份程度中等的孩子。對於必須面對幾十個學生的老師，說辛苦也真的是很辛苦。

因此，老師也認為只要能夠教出合群的孩子，帶起班級來就會比較容易。因為懂得因應環境和大家合作的孩子，比較能夠適應學校的生活。

因此，我的五個孩子當中個性比較鮮明的，在公立小學裡都倍受挫折。

三、著名升學學校的實際情況

學校校風和學生個性之間的關係

我的五個孩子小學畢業之後所唸的國中、高中，從公立或私立全都是不一樣的學校。因為校風的不同，孩子的個性和學校的校風是否適合，決定了孩子在這所學校讀書適應得好不好。

我發現升學率比較高的學校，不一定就是好學校。因為這樣的國中聚集了來自各個小學前幾名的學生，班級當中的名次排名，當然又會重新洗牌一次，所以容易讓孩子產生挫折。

小學時名列前茅的孩子，一旦進入這種競爭激烈的學校，就會開始出現身心俱疲的情形，成績也跟著一落千丈。因為小時候備受關注的他們，上了國中之後，身邊全都是同樣來自名校的同學，使得他們無法再成為眾人注目的焦點。

因為再也無法得到老師的讚美，於是這些孩子會開始出現偏差行為，試圖藉此引人注意，甚至因此差點被退學。

另一方面，以備取身分勉強擠進窄門的孩子，一年後竟然成為全年級的第一名；真的是什麼事都有可能發生。

此外，學生是否適應學校的校風，也有很大的關係。尤其是我的長子，他原本就讀公立國中，卻經常和學校發生衝突，因為學校（**這應該是因為曲解了日本憲法**）認為「宗教」是一種「惡」。

隨著學校對宗教的評價是「善」，或者是「惡」，最後產生了不同的結果。我的孩子在轉到有著宗教色彩的學校之後，整個人突然像是變了個人似的。

他在進入肯定宗教價值的學校就讀之後，覺得非常舒服。留在否定宗教的學校裡，對他來說如坐針氈，原因應該是在於學校以有色眼光，負面地看待所有與宗教有關的事物，進而衍生許多問題。

而長女則是就讀於有如企業般的私立學校，我也因此學到不少東西，有助於我創辦幸福科學學園。

這所私立學校告訴學生：「這個學校裡沒有天才，學生必須要好好努力。」學校試圖透過團體的力量帶領所有學生往前走，長女也因此學習到了許多。當然，也有一些孩子不適應這樣的學校。

即使是代表日本的升學學校，實施的也不是「理想的教育」

我的次男讀的是東京最具代表性的升學男校，是好是壞倒很難說。這所學校是東京大學錄取率最高的K國中，我原本以為只要上了K國中，就不需要去補習班，也不需要考高中，比較輕鬆，但情況卻不如我所想。

舉例來說，次男在讀國中一年級時，學校直接拿大學聯考的地理試題，來當作期中考的考題。這種作法實在太過草率，讓人無法接受。學校的老師每年依照順序，輪流從國一教到高三，教完高三的人隔年又會輪到教國一，大概是因為腦袋還沒有轉回國一學生的程度，所以才會重複做前一年做過的事。

因為老師把大學聯考的地理考題拿來考國一的學生，所以全年級的月考平均大約只有二十分，每個人都遭受很大的打擊。當然也有孩子幾乎考零分，不要說是學生本人，就連父母也非常驚訝。

連歷史這個科目也有同樣的情形。從某方面來說，這讓人感覺到學校之所以要讓家長感到吃驚，是為了讓家長知道孩子已經跟不上學校的進度了；實在讓人無法覺得這是一番好意。

因為老師們各憑喜好各自為政，要是孩子跟到一個不怎麼樣的老師，還是得去補習班上課，這和唸其他學校根本沒有兩樣。

我的第三個兒子讀的是A中學。他好像唸得挺高興的，但我卻完全不知道他學了什麼東西，只知道他參加的社團和課外活動，至於重要的課業，我根本不知道他到底有沒有在念書。

孩子曾告訴我，數學老師曾在課堂上跟他們說：「因為銀行下午三點就關門了，我得先離開。」所以他就讓學生自修，自己到銀行去了。這個學校的學生都很自由，沒想到連老師也很自由。

這在平常是不可能發生的事；日本的銀行的確只營業到三點，但為了要到銀行辦事，而讓學生自修的老師應該很少見。在這段時間當中，學生應該是在玩吧！

就像這樣，即使進入日本具代表性的升學學校，也未必就能夠接受到理想的教育。

結果他們只是因為招收到一些聰明的學生，所以才高人一等。只要一開始能夠招收到聰明的學生，畢業時的成績就不會太差，但這和學校的教育似乎沒有什麼關係。這樣的學校似乎相信學生之間會互相刺激，然後再到補習班去加強課業。

除了升學率，選擇學校時也要考慮孩子的幸福

從這個角度來看，日本目前從上到下，基本上似乎沒有可以讓家長放心把孩子交出去的學校，因此幸福科學學園才會試圖挑戰建立這樣的學校。

二〇一〇年春天，幸福科學學園開學時，因為只招收國中和高中部一年級的學生，國中和高中部二、三年級的教室和宿舍都空了出來，老師也比較多，所以錄取人數比規定的名額多出一些。

錄取學生的偏差值大約是中高水準，根據某補習班的標準大概是六十五分，對外面的人來說，這就是幸福科學學園第一年招收的標準，我想以後門檻應該會再高一些。

在幸福科學學園中能否施行理想的教育，目前還在奮鬥中，所以現階段還沒有辦法說些什麼。但根據以往的經驗來看，學校對信仰是否能夠敞開心

胸，對於持有信仰的人來說是非常重要的事。

根據學校的不同，其學校的價值觀有可能完全顛倒，所以如果因為學生進到學校之後，要刻意掩飾自己的信仰，那是非常痛苦的事。所以為了孩子的幸福，不能只靠升學率來選擇就讀的學校。

如果是比較不會堅持己見，可配合週遭適度壓抑自我的人，就讀哪一所學校都不會有問題。但如果是比較堅持己見的人，就會很容易和別人的價值觀產生衝突。

三男在讀小學時曾經遭到霸凌，但目前還滿樂在學習的；團體生活真的是一件很不容易的事。

即使是天才型的小孩，進入重視升學的學校，也有可能無法發揮所長

我在孩子上小學之前，在家庭當中實行了英才教育。在他們上了小學之後，我才發現學校裡學生的程度之低超乎想像。

小孩子真的是非常不可思議，他們什麼都能吸收，馬上就能夠融會貫通。舉例來說，長男在快上小學之前，閱讀一本以英文撰寫描述金恩牧師一生的書。他竟然能用英文閱讀金恩牧師的傳記，讓我非常驚訝。

這本書的英文程度應該是介於高二到高三之間，對於他小小年紀就能夠讀金恩博士的傳記，我心裡原本還期待這孩子以後或許大有可為，但是他現在的英文能力和以前差不多。我雖然納悶之前的這十幾年究竟發生了什麼事，但是小孩子本來就是記得快忘得也快。

對我來說，還沒上小學的孩子能用英文朗讀金恩博士的傳記，而且還能

讀懂所有的單字，實在讓人無法置信。我原以為他的前途應該是無可限量，但後來卻沒有太大的進展。他雖然學了許多其他的知識，但英語能力卻沒有太大的改變。

其次是次男和三男，他們在小學時參加數學奧林匹克競賽，兩人都進入決賽，我心想他們或許會有什麼傑出的表現，結果在上了不同的國中之後，數學成績也只是普通而已。不由得讓人覺得數學厲害的孩子還真不少，不多下點功夫，一眨眼就會落於人後。

由於我自己是在鄉下長大，看到有人在小學時就參加數學奧林匹克，會覺得對方一定是個很聰明的天才兒童。因為鄉下的小孩連要報名都不容易，當然會覺得能參加這場比賽的小孩不簡單。

但是一進入講究升學率的學校之後，這些孩子的表現不是毫不出色，就是一個不小心還可能吊車尾。因為這類學校的老師，其教法非常粗糙，既不重視基礎也缺少反覆練習，所以最終還是必須要靠個人努力以及補習班。

長女就讀的學校，校長在開學典禮時當著所有學生的面說：「你們之中沒有一個是天才，而我們學校要的也不是天才，而是努力用功的聽話學生。」每一個人聽到這番極為負面的話時，都啞口無言。

聽到校長說學校裡沒有天才，讓人以為他是希望學生都能夠像鈴木一朗一樣，打擊時只要能上到一壘就好了；然而令人意外的是，之後所有學生的成績都開始逐步提升，所以這麼說還真是個不錯的辦法。

明星學校都會招收天才型的學生，但這些學生的才華在入學之後都會遭到壓抑，有不少原本在其他學校可能會更有發揮的孩子，在明星學校卻無法好好發揮；因為就讀的學校的不同，有時會出現意料之外的結果。

我認為各位對此要有所認識。

四、在學校教育中加入宗教的精神

老師的話之所以沒什麼力量，是因為缺乏「價值判斷的標準」

我為了教育改革，針對霸凌等問題推動了許多活動，但霸凌的問題之所以無法輕易解決，是因為教育缺乏之中心思想。

從校長到老師都不知道該以什麼做為價值判斷的標準，正因為缺乏好壞判斷的標準，目前學校基本上無法教授學生何謂道德和教養。

因此老師說的話也沒有什麼力量，我認為這是很大的原因。

此外，因為孩子不明白幸福科學強調的「施愛」和「對人親切」，是「天國的價值觀」，所以就算到補習班去，也大多會產生「努力用功以擊敗對手」的強烈阿修羅波動。

如果將這樣的情緒帶到學校，就會經常和同學吵架。也就是說，不管是學校或補習班，不一定是呈現理想的狀態。

為了徹底進行教育改革，必須在學校教育中確實導入「宗教的精神」。如果不認同尚有一個偉大的精神超越人類的世界，人是不會謙虛努力的。因此，必須教導孩子這些道理。

並非進行極端的改革，而是應該逐步改善

此外，在改變學校時，是不是採取極端的挑戰冒險、大膽地嘗試就可以了呢？事實上，這麼做並無法輕易改變全國所有的學校。

舉例來說，就某方面而言，教科書是一項大發明，因為教科書的出現使得所有學校得以維持一定水準的學力；教科書確實成為一種標準。

以往在推動「快樂教育」時，那些因為難度太高而從指導要領中剔除的部分，確實是容易讓孩子產生挫折，各級教育機關也很清楚這一點。透過教科書提升全國各校的學生水平是一件很好的事，因此完全推翻這樣的作法，讓各校各行其事未必妥當。

為了改善教育，必須循序漸進尋找出路。目前的教育系統整體來說運作良好，但重要的是如何讓它有助於提升國家的國際競爭力，增進國家的繁榮。與此同時，還必須要不斷地改善、創新所有科目和精神教學。

官僚化的學校企圖隱瞞抱怨

此外，處理客訴，也就是處理學生和家長的要求與抱怨，在學校教育和企業一樣非常重要。

學校一旦官僚化，就會企圖隱瞞這些事。也就是說一旦有人抱怨，學校就會立刻加以否認。他們認為事情一旦曝光，就會影響學校的評價，所以不少國公立的學校會試圖隱瞞事實，而私校也不能說沒有類似的情形。

學校雖然對外表示「沒有這樣的事」，但孩子很清楚事情的真相，一旦他們知道「老師說謊」，便會因無法釋懷而心生厭惡。

因為只要一味的裝蒜和欺騙，學校就不需要有人對此負責。事實上，最後還可以因此保護孩子以及老師們的飯碗。

隱瞞霸凌，不斷掩蓋事實的學校

我的一個孩子所就讀的國中，有個高年級的學生跳樓自殺，原因就是遭到霸凌，全校的學生都知道有四個孩子在欺負他。

這位學生的家長拼命向學校抱怨：「孩子是因為在學校遭到霸凌而自殺，所以是學校監督不周。而且還由一個年輕的新進老師擔任導師，在管理上根本就有問題。」

但學校卻堅持校內絕對沒有霸凌事件，還對學生和家長下了封口令。在朝會時還要求學生對外否認霸凌事件的存在，甚至還欺騙家長會讓他們插不上嘴。

原本欺負人的四個孩子應該是要被退學的，但學校的做法卻保護了這些孩子，讓他們順利升上高中。這不禁讓人懷疑，身為教育者，這樣的做法是否正確？

讓學生退學或許不好，但他們把人逼到自殺，而學校卻為了保護他們隱瞞事情的真相，這是否稱得上是真正的愛？

此外，對於學校不斷掩蓋事實，堅稱沒有這回事，學生應該都知道這些都是騙人的，老師們隱瞞了事實。

警察因為找不到死者遭到霸凌的證據，最後只好以意外事故處理此案。死者的母親因為無法原諒這種行為，跑到導師的住處抗議時，反而遭到學校威脅，表示如果家長堅持當怪獸家長，將以恐嚇罪提起告訴。

最後，沒有一個老師因為這件事丟了飯碗，也沒有學生遭到退學。雖然「死人不會說話」，事情因此告一段落，卻讓人覺得正義已死。我認為在事情發生時就要設法解決，而學校當局也應該表示反省。

以最近鳩山首相（當時）向水銀中毒患者和他們的遺族謝罪為例，這件事雖然和鳩山首相沒有直接的關係，但仍是會有類似這樣，即使經過數十年，仍必須向受害者表示歉意的例子。

此外，即使是刑事案件誤判，就算事後發現是檢察官捏造罪狀，也會有經歷數度要求重審，仍無法洗刷冤屈的情形。

事。

因此，我認為教育必須明確地擔負起責任，教導學生何為「正確」之事。

五、培養具有企業家精神的孩子

將風險降至最低，挑戰新的事物

關於教育改革，除了學校必須加入宗教和信仰的思想外，為了今後日本的發展和繁榮，還必須培養具有旺盛企業家精神的孩子。

企業家精神旺盛的小孩有時並不容易教導，因為他們的個性強硬、堅持己見，負責教育的人必須要能夠忍受這個部分。

我們必須了解所謂的企業家精神，並不只是說一些奇怪的話。除了必須做好基本的工作外，還要主動改變自己。整體而言，在某種程度上，也必須依照學校的進度完成基礎學習。

當然企業家大多會主動冒險，但重要的並不是培養永遠都在冒險的人。雖然不冒險無法成為企業家，但重要的是在冒險時，必須努力將風險降至最低。我們必須培養出能夠降低風險，同時也能夠開發出新的道路的孩子。因此在教導他們挑戰新事物的重要性的同時，讓他們理所當然地完成理所當然的事也很重要。理所當然地完成理所當然的事，並且在展開新的冒險時，盡可能降低風險進行挑戰，讓孩子具備這樣的「智慧」也是不可或缺的。

為了要讓孩子具備這樣的智慧，必須教育他們如何才能夠理所當然地完成理所當然的事。此外，還必須激發他們挑戰新事物的「勇氣」。

不斷地累積細部改善，培養企業家精神

從這個角度來看，「拋棄所有既有的事物，只要是新的事物，隨你怎麼做都行」的想法，是毫無責任感的教育方式。

當然在做完應該做的事，考慮完應該考慮的事之後，冒險挑戰也很重要。而為了要成為能夠率領眾人的人，還必須思考如何才能將風險降至最低進行挑戰，之後再從小事開始逐步擴大規摸。重要的是教育孩子從小事物的改革開始，之後再逐漸擴大。

雖然靠自己一代的時間，不假他人之手，就要建立大企業不是一件容易的事情，但做為起跑點，可從校內學習改革，好比說改變學校校刊的編輯方針，或者是改變社團的活動方式，或者是多少改變學校園遊會的型態等。事實上，從這些地方就可以培養出企業家精神。即使是挑戰新事物，也不是完

全的胡作非為。

雖然學校必須培養出具有企業家精神的孩子，但這必須建立在基本能力的基礎上，而且越是能夠率領眾人的孩子，越需具備思考如何降低風險，同時繼續前進的智慧。

如前所述，在學校想法與眾不同的孩子會成為問題兒童，但學校應該抱持著「讓孩子做該做的事，經過不斷改善，培養孩子未來才能」的想法。我不認為放任特定的孩子，隨便他做什麼都好的做法是對的。

我相信培養像這樣具有宗教心和企業家精神的孩子，將有助於未來的教育改革。

第二章

如何解決霸凌問題——重新找回由正義主導的學校

一、教室成為與惡靈對決之地

表明「嚴加教育加害者，保護被害者」之立場

最近輿論非常關心學生因為遭受霸凌而自殺等的問題，就連我的孩子，也曾經有過類似的遭遇。

本章將根據最近發生的事，來討論該如何解決校園霸凌的問題。

二〇〇六年，當時的安倍內閣舉行了「教育重整會議」，會中決定將致力改革日本的教育。

這次的教育重整會議最特別的地方，就是釐清校園霸凌中加害者和被害者的身分，同時表明將採取「嚴格教育加害者，視情況給予處罰，另一方面保護被害者」的立場。

我認為這是非常好的想法，因為如果不說清楚，會使善惡不分，所以非說不可。認為「加害者和被害者沒什麼不一樣」，這是最要不得的想法。

霸凌集團化為一個小型的暴力組織

有別於以往，從宗教的角度來看，目前被惡靈附身或控制的情況，已蔓延至小學，甚至還出現不少由小孩子組成的小型暴力組織。

對這個問題，必須要認真面對才行。

就算跟孩子說自己去面對，事情也沒有這麼容易，不管家長怎麼說，那是很難辦到的事。舉例來說，那就好比要孩子單槍匹馬，深入暴力組織的巢穴打敗他們，孩子恐怕是辦不到的吧！

每天只要一進教室就是那樣的情形，跑也跑不了。雖然補習班也差不多，但霸凌如果發生在學校的教室，孩子大多無法逃開。因為教室裡只有老師一個大人，形同密室，根本跑不了。

而家長幾乎完全不了解學校的情形，父親漠不關心，母親也大多有工作，無法充分了解孩子的狀況。就算知道了也無能為力，因為又不能每天到學校去監視。

就算家長希望孩子自己堅強和惡勢力對抗，但因為對方人數較多，孩子也莫可奈何。

當然，這些有問題的孩子是因為家庭狀況等原因才變成這樣，但事實上教室已經變成與惡靈對決之地，而這樣的情況越來越嚴重。

就算是說幸福科學信徒的孩子不會受到惡靈騷擾，但如果運氣不好，也是寡不敵眾。雖然有時候孩子週遭的同學很善良，但如果遇到這種惡勢力集團，在寡不敵眾的情況下，應該也是會痛苦的。

如果導師不夠強勢，霸凌集團的規模會越來越大

這類霸凌集團中大多會有一個老大，班上一定會有一個甚至是兩、三個主導的人。

霸凌事件發生時，導師幾乎都是處於弱勢。

導師和霸凌集團的老大之間其力量強弱關係，決定了班級是否會崩潰。如果導師有足夠的領導能力，就能夠瓦解惡勢力，但是如果老師沒有主張又處於弱勢，遇事就想走人了事的話，惡勢力只會越來越囂張跋扈。

如果是後者，孩子們為了保護自己不受對方的攻擊，也會加入他們，和他們一起行動。遇到這些人在欺負同學時，也跟著參一腳，因為這樣自己就不會被欺負了。孩子就是因為這樣而變成他們的手下，開始跟著霸凌同學。

正是因為這樣的原因，霸凌集團的成員才會越來越多。

此外，善良的孩子如果試圖替遭到霸凌的同學幫腔或保護他們，接下來就會輪到他自己被欺負。於是，孩子怕自己被認為站在對方那一邊而遭到霸凌，所以只好悶不吭聲，眼睜睜看著同學被欺負。

因此，在當時的教育重整會議嚴格地指出，霸凌者雖然不可被原諒，但默許、假裝沒看見霸凌發生的人，也是加害者之一；我們必須這樣教育孩子。

現在的學校逐漸成為「被暴力集團控制的城鎮」，這是一件非常可怕的事。

如果家長在孩子表示遭到霸凌時，不把它當成一回事的話，孩子可能會面臨更糟的情況。因此家長必須認清現實，做好作戰的準備，不這樣的話，是無法以寡擊眾的。

戰後民主主義的問題就是善惡不分

目前教育的第一線處於問題重重的狀態，起因就是日本教職員工會中的戰後民主主義，也就是逃避責任、不解決問題、粉飾太平、利用協商來解決問題的民主主義，這讓霸凌事件越來越多。

也就是說，告訴學生以民主的方式，透過討論來解決問題，其實是一種逃避。那是因為缺乏是非價值的判斷基準，所以根本沒有辦法講清楚說明白。

老師則因為缺乏這樣的倫理、正義和善惡的觀念，於是告訴學生「以民主的方式討論」、「由大家決定」、「老師不會在場」藉此逃避問題。

這樣根本不能解決問題，因為如果霸凌集團的人數較多，問題根本無法得到解決。

正是因為這樣，所以必須釐清何謂善惡，一定得要有著價值判斷的基準。

此外，教師也有可能被惡靈附身，這也是非常不幸的事。教室裡有許多被惡靈附身的孩子，當然也有被惡靈附身的老師。

在老師當中也會有心懷不滿、覺得教學無趣或家庭關係不和諧的人，所以也會被惡靈附身。如果是這樣的話，他的價值觀就會和欺負同學的孩子一樣。

這樣的老師是不會保護遭到霸凌的學生。此人雖然是導師，但有時候也不會去保護自己的學生。

另外，如果導師沒有能力，無法管理大多數的孩子，維持班級的正常運作時，一旦霸凌集團的力量較大，導師反而會為了帶班而去迎合他們、附和惡勢力。

以往提到霸凌，大多是指身體較強壯的孩子，去欺負身體較弱小的孩子，但現在不一定是這樣。聰明的孩子經常成為霸凌集團的頭頭，這就是智慧型犯罪。

上補習班補習且功課很好的孩子，為了消除壓力、發洩心中的不滿，因此找上身體虛弱或與眾不同的孩子，作為欺負的目標。而且不是只有自己來，還找來同夥進行智慧型犯罪。

校園內的霸凌不易取得證據

學校還有一個弱點，那就是無論是小學、國中或高中，都幾乎無法取得霸凌的證據；這就是學校的漏洞。

雖然霸凌有時會發生在沒有老師的地方，但即使老師人在現場，也會經常視而不見。因為他們認為沒有證據，而沒有證據就不是犯罪，企圖藉此逃避。

霸凌特別容易以團體的方式出現，如果是某個特定的孩子霸凌同學，很容易取得證據。但如果是團體，就幾乎找不到證據可以證明。

霸凌集團就利用這一點，大家口徑一致地否認自己的犯行。無論你再怎麼問，所有成員都極力否認，校方也束手無策。

學校是有可能隱瞞霸凌事實的

此外，還有一個問題，那就是學校對外會隱瞞霸凌事件。教育重整會議發現學校會隱瞞事實，他們雖然試圖解決這個問題，但並不容易。

對老師而言，如果是自己的班級出事，自己會被追究責任，所以老師會想辦法逃避問題、保護自己。

但就算是導師想要逃避問題而隱瞞事實，上面還有訓導主任、副校長和校長這些有正義感的人，如果他們絕不允許這種情況發生並試圖改善的話，下位者無法戰勝在上位的人，所以問題還可以解決。

然而，因為在上位者也大多會企圖和導師一同逃避責任，只要下面的人說沒有問題，他們也會附和，假裝沒有這回事。

這就是人類最大的弱點，到哪裡都一樣。大家都試圖隱瞞事實，假裝沒有問題。

總之，只要否定事情曾經發生，就沒有霸凌的存在，所以才會有這樣的現象。

如果問孩子有沒有欺負同學，只要孩子說沒有，學校就會接受孩子的說法，提出相關報告息事寧人，而證據也就跟著被處理掉了。

校園霸凌事件幾乎找不到證據，不只是辱罵對方，就算動了手，除非造成重傷，否則也看不出來。

最近因為學生遭到霸凌而自殺的案件越來越多。一旦遭到霸凌的人尋死，不需要要求學校提出說明，就可認定確實有霸凌事件的發生，也終於變得可以追究學校的責任。

但是除此之外，語言暴力或者是在大家看不見的地方毆打對方，只要對方說沒有證據或幾個人異口同聲地否認，大家就可以全身而退。雖然他們說的是謊話，卻可以逃避責任。

二、與霸凌之戰即是「與組織之惡之戰」

遭遇霸凌時，要盡可能留下具體的紀錄

如前所述，校園霸凌逐漸形成一種小型的暴力組織，就好像黑手黨一樣。如果校方與之聯手的話，與霸凌之戰真的就變成「與組織之惡之戰」了。

家長要解決這個問題是非常困難的，學校為了逃避責任、隱瞞霸凌的真相，而施暴的孩子也想逃避，雙方於是聯手合作，家長要如何打贏這場仗呢？

要孩子舉發霸凌，需要很大的勇氣。

就算他有勇氣告訴老師，老師會說沒有證據，而身邊的同學也會說：「我們沒有這麼說，是他胡說八道，是他騙人。」

而導師也會因為逃避問題比較輕鬆，於是向霸凌同學的孩子靠攏。因為老師不想把事情搞大，於是否定事情的發生，堅稱孩子的行為不是霸凌。

此外，老師會持藉口說：「所謂的霸凌必須反覆、持續，如果只是偶發事件，那只是惡作劇，是逗著同學玩的。」以免讓事件被解釋成霸凌。

要與這種情形對抗，是要費很多心力的。

因此，家長在發現自己的孩子遭遇霸凌時，要盡可能將事情發生的時間、對象、當時的情形和對話的內容，詳細且具體地記錄下來。

因為你只要向學校提出孩子遭到霸凌，對方一定會加以否認，不只是施暴者，就連學校的老師也會表示沒有證據，藉此來逃避問題，所以要盡可能保留詳細的紀錄。

不過光靠這些很難證明自己的孩子被欺負，但是如果不記錄下接二連三發生在孩子身上的事，就沒有武器可以打仗。

有些老師會封住被害者的嘴

此外，我知道老師還有一種逃避問題的方法，那就是讓學生閉嘴。大部分的時候，因為被害學生只有一個或少數人，學校會試圖讓被害者什麼話都不要說。

我對這種做法感到非常意外，但他們卻是這麼做的。

舉例來說，假設學生因為被欺負而撞傷腳，老師在聽取雙方的說明之後，會告訴學生：「你們動手的人有錯，不過挨打的也不對。」對老師來說，利用責備被害者的方式堵住他的嘴，是最輕鬆省事的辦法。因為霸凌同學的孩子人數比較多，如果要追究所有人的責任，勢必得逐一詢問訓斥，非常累人。而且老師有可能也會被追究責任，所以老師會把過錯推到被霸凌的孩子身上來處理問題。

在知道有如此巧妙的處理方式時，我非常驚訝。老師將打架的責任歸咎到被打的同學身上，藉此要他閉嘴，還告訴孩子：「你也有不對的地方，以後不要再這麼做了！」試圖讓事情就此告一段落。

老師也不會告訴家長發生了這樣的事情，因為家長如果知道了，就會來找麻煩，於是老師會假裝沒有發生這件事。

老師將遭到霸凌的責任推到被害學生的身上，讓雙方談和，還交代孩子以後不要再提起這件事，而且也不通知家長，就當事情已經解決了。

我是後來才知道還有這種取巧的辦法。

成功隱瞞事實的老師容易升官

更惡劣的是，為了保護自己，巧妙隱瞞事實、捏造謊言的老師，事實上更容易升官。能夠成功隱瞞霸凌事件的老師，相較之下更有機會出人頭地，當上主力教師、訓導長、副校長或校長。

這樣的結果聽起來雖然可怕，但這是因為正義的力量沒有在學校發揮。如果正義主導了學校或教室，根據善惡的定義，當然應該譴責惡，但就是因為缺乏善惡的價值標準，才會導致這樣的結果。

而宗教當然早就被學校驅逐出境。

如果道德這項宗教的替代物還存在的話，事情或許還有得救。但目前道德幾乎已經變成空殼子，學校則成為只傳授知識、注重技術的世界，而且傳授知識的技術早就被補習班取代，所以學校根本是個空殼子。

因此，學校無法教孩子何謂正確的人生觀，因為不知道要根據什麼來教。如果老師自己研究宗教或哲學，或許還講得出所以然來，但因為這和擔任老師的專業無關，所以就算沒有相關的知識也可以當老師，也能夠通過資格考試。

擅長隱瞞事實的高手，還能當上生活輔導主任，這更是讓人意外。人們可能覺得訓導主任就是專門訓斥做壞事的學生，但事實並非如此。隱瞞霸凌事件的老師，也有可能成為生活輔導主任。

這是因為如果老師發現有同學遭到霸凌而往上呈報的話，事情就會鬧大。當然，家長便會介入，抱怨學校、找學校的麻煩。如果能夠息事寧人減少麻煩的話，在上位者就輕鬆了。

如果導師或生活輔導主任能夠擺平這些事的話，就能夠減輕訓導主任和校長的負擔，他們也樂得輕鬆。為了獎勵導師和生活輔導主任，他們的考績當然也會跟著加分。

學校是個很可怕的世界，完全不受正義的控制。

這些人只追求自己的前途能夠一路順遂，完全不管外界的批評。

如果是曾經待過民間企業的人，就會知道自己的所作所為是錯的。但這些人即使是被家長抱怨，也非常擅長充耳不聞，假裝事情沒有發生。對他們來說，這些根本是家常便飯。

早在十幾年前，大家就開始批評官僚制度，但在學校當中也有同樣的情形。

擔任科任老師的人，還會拼命地在課堂上指導學生，但一旦爬到了高位，就會開始發揮「將霸凌事件大事化小、小事化無」的能力，也就是變成了所謂教育官僚，對於批評、抱怨一概充耳不聞。

這些人利用「沒有證據」或「既然孩子們都這麼說，那就是沒有」，來擺平事情。

種種行為真是讓人不可思議。

如果這樣的老師變成上位的人，霸凌同學的孩子怎麼可能變好，因為老師會幫忙隱瞞。即使他們霸凌同學，學校的主事者也會堅稱：「沒有啊！沒有那回事！根本沒有證據，你們沒有犯錯啊！」如此的做法，這些孩子的行為怎麼可能改善？

這些老師為了保護自己就會這麼做，他們會想盡辦法把事情壓下來。

這實在是讓人莫可奈何。

即使發生霸凌事件，能夠解決問題的就是好學校

教育重整會議提出評斷學校的標準：「即使發生霸凌事件，也不能說這個學校不好。即使發生了霸凌事件，但努力解決，試圖讓霸凌於學校當中消失，那就是好學校。」我認為這樣的想法非常正確。

老師們認為霸凌事件一旦曝光，會影響自己的考績而無法升等，所以才會試圖隱瞞事實。因此教育重整會議才會建立評估的標準：「不能因為發生了霸凌，就評斷這是一所壞學校。只要能夠設法解決，就是好學校。」

不過這也是用「評價」來當作誘餌，因為學校不講究宗教和道德，只好以評價來鼓勵學校這麼做。不過聊勝於無，他們想要表達的是「試圖解決霸凌的學校就是好學校」，這總比起什麼都不做要好。

以往隱瞞事實的學校被認為是好學校，能夠粉飾太平的人就是有能力的人，但現在教育重整會議試圖從反方向來進行評價。

對抗霸凌事件形同揭發醫療疏失

對抗霸凌，幾乎和揭發醫院的醫療疏失同樣的困難。

病人在醫院裡因為醫療疏失致死，是很難舉證的。大多數的時候，都是因為有良心的護士或醫療人員向醫院舉發，病人是因為輸血、用藥或手術導致醫療疏失致死，事情才會曝光。

但即使有一名護士揭發事情的真相，醫院裡還有其他的醫生、院長和護士，只要旁人說一句：「如果這樣的醫療疏失曝光了，會害醫院倒閉，要怎麼辦？」大家就會閉嘴。

最後揭發事情真相的人，可能會被解雇。因為揭發了事情的真相，可能會影響醫院的經營，導致醫院的評價受損，甚至因此倒閉，於是便要員工閉嘴，甚至還會更改記錄治療經過的病歷，讓大家先套好招。

要追究這些事非常困難，需要有專業知識。

而學校也一樣；學校利用自治的名義，在警察或任何人都無法介入的情況下，讓學校呈現密室狀態，當大家對外口徑一致時，就很難揭發事情的真相。

聲稱自己遭到霸凌的孩子，會被說成有問題。如果無法伸張正義，施暴者就會佔上風，最後被霸凌的人只好轉學。

關於這點老師也很清楚；他們知道即使孩子抱怨，只要不理他，被欺負的孩子就會轉學，他們等的就是這個。因為這樣就可以解決問題，自己也不會有麻煩。

但這是不被允許的事，如果不讓孩子知道何謂正義的話，孩子之間的霸凌問題，將會轉變為成人的犯罪。

不斷說謊的結果會喪失信任

此外，還有一件事，那就是從小孩到大人都在不停地說謊。

幸福科學的教義中提到不可以說謊，必須要端正言語，若是學習這個教義，就會變得不會說謊或口出惡言。因此不斷說謊或怒罵的人，乍看之下會顯得比較強悍。我們說不出口，而對方卻大放厥詞，看起來或許是對方贏了。

但是這個世界當中，沒有人能夠說一輩子的謊。

以奧姆教為例，他們說了這麼多謊，最後牛皮被吹爆，信用掃地。

一九九一年，幸福科學的幹部曾經在某個電視節目中，和奧姆教的幹部激烈辯論。當時奧姆教的幹部看起來似乎比較聰明，因為我們的幹部不會說謊或謾罵，而他們則肆無忌憚大放厥詞，所以看起來比較強悍。而他們滿嘴的大道理，看起來或許比較聰明。

但是謊言終究還是會被戳破；一旦沒了信用，大家就再也不相信他們，而且是完全不相信。

說謊的人乍看之下似乎很聰明，但沒有人能夠當一輩子的騙子。巧言善辯，乍看之下似乎很厲害，但暴力團體是絕不可能統治世界的，因為大家不可能接受。

行為端正者即使暫時屈居弱勢，但絕對不會一直如此。因為整個社會不允許這樣的事情發生，那些騙子最後一定會露出馬腳，喪失信用和地位，進而遭到眾人監視，而正義終究會獲勝。

因此各位一定要告訴孩子們：「即使被欺負也要做正確的事，因為你是佛子，要有佛子的自信。你的身邊或許都是惡靈，但正因為你是佛子，所以要更有信心。」

三、對抗霸凌的方法

詳細記錄，並與校外之人商量

對於霸凌，必須要好好地思考對抗的方法。

如前所述，必須詳細記錄事情發生的經過。

由於目前學校內部通常無法解決霸凌的問題，所以可以打電話至警方、教育委員會等相關單位諮詢。

如果不是校外之人就無法信任，因為一旦將事情告訴學校內相關人員，這些人和上位者一商量，就會一起隱瞞事情的真相，所以還是找校外之人商量，如此他們就會開始展開調查。

不過即使尋求外面的協助，也並非一定能夠解決問題。以教育委員會為例，他們雖然因應教育改革的潮流，試圖解決霸凌的問題，但從全國各地的情況來看，或許還有努力的空間。由於教育委員會的委員，很多都是教師出身，學校和教育委員會可說是同業。對這些委員而言，他們以往也處理過霸凌的問題，所以經常會保護「自己人」。雖然有人開始採取政治作為，試圖改變這樣的情形，但不知道會有多大的效果。

然而，該說的話還是要說。

如果你找外面的單位諮商，對方應該會請你先去找校長，如果跟導師談沒用，至少要告訴校長。但是因為有些是沒有良心的校長，可能會和老師「勾結」，所以如果你覺得和校長談沒用，還是應該求助校外的力量。

你必須向教育委員會等單位，清楚表達你的看法。如果學校不願意承認霸凌的存在，除非借助校外的力量，否則是絕對無法解決問題的；你一定要有如此迎戰的心理準備。

從佛法真理的觀點思考如何反駁對方

如前所述，從宗教的角度來說，鼓勵孩子也非常重要，而且要讓他學習如何和他人辯論。當孩子跟你告狀，說他在學校被罵、被欺負時，你要讓他把當時對方說的話寫出來，然後和他一起思考該如何回應。他或許無法立刻找出答案，隔天再想一天，然後你再從佛法真理的角度告訴他，該如何回應對方。

尤其是那些會攻擊他人身體缺陷的人是最要不得的，這是不可以講出口的話語。

每個人的長相都不一樣，而且有些是無法改變的。或高、或矮、或胖、或瘦、或是身體有缺陷，攻擊這些身體特徵的人是最不可取的。

因此，家長要明白告訴孩子，那些是絕對不可以做的事。我們不能讓用這種話批評他人的人，在這個社會上佔優勢，所以你一定要告訴孩子這麼做是錯的，要教他們如何對抗這種人。

加入光明夥伴的行列，讓光度變得更明亮

如果霸凌的情況十分嚴重的話，還可以找幸福科學的人員進行諮詢。孩子可以到這些地方去結交真理的夥伴。如果學校遭到惡靈的控制，那

些不得惡靈喜歡的孩子會被同伴排斥，所以要讓孩子加入光明夥伴的行列，認識朋友。

藉由祈願，擊退附身於對方身上的惡靈

要解決因為被惡靈附身而引發的霸凌問題，和擊退惡靈的作法幾乎一樣。對方一定是被惡靈附身了，不會錯的。

因此如果情況很惡劣的話，可以到幸福科學的支部參加「擊退惡靈祈願」，來擊退霸凌的情形。

在參加祈願前，可在祈願書中寫下「某某父母親的某某子女，現在正遭受到某某學生的霸凌，請擊退附身於這個學生身上的惡靈」，之後再參加擊退惡靈祈願儀式；這可以重複地參加。

對方一定是被惡靈附身，所以不擊退不行。同時在靈性上也必須攻擊對方，因為若是不將惡靈擊退，自己就會受害，所以請參加擊退惡靈祈願的儀式。

以前有一部電影叫做《死亡筆記本》，內容是描述只要將討厭的人的名字寫在筆記本上，這個人就會死亡。但是擊退惡靈正好相反，目的是在擊退附身在霸凌施暴者身上的惡靈，寫下施暴者的名字，並請導師在祈願時將名字唸出，請求佛神協助驅除這個孩子身上的惡靈。

就像這樣，要透過光明與其對抗，附身在對方身上的惡靈一定會感應到。不要讓孩子自己一個人面對這件事。除了家長之外，幸福科學的支部長和支部的法友也要幫忙守護他，利用眾人的念力來擊退惡靈，如此情況一定會好轉。

四、讓正義主導學校

教師是映照出孩子樣貌的鏡子

學校之所以被惡靈控制，那是因為真理尚未完全普及。從大規模的戰略來說，根本上還是必須持續進行傳道和贈書等宗教活動及宗教教育。

尤其是學校的教職員中，有許多是唯物論者或邪教信徒，在這些人底下的孩子當中，惡靈是肆意妄為。

因此不只是大人，也必須對孩子們傳道。

在教師當中有人抱持唯物論的機器人論，認為「人心不在胸口，而在大腦」，如果讓這種人擔任生活輔導主任，事情就不妙了。此人認為「人類是機器」，所以不會有良心的苛責，亦不會反省，因此也不會教導孩子反省。

對於那些認為人是機器的人而言，是不會反省的。「無心之人」既不會反省，也不懂得改過。

總之，也必須教育老師：「教師是一面鏡子，映照出孩子的樣貌。如果班上的孩子胡作非為，那是表示身為鏡子的你扭曲了，對此必須要有所自覺。」

孩子的作為反映著教師自己的作為，如果老師求善憎惡，孩子也會是這個樣子。

如果老師做壞事，心中充滿邪惡，將無法教導學生。如果老師自己作惡多端，不斷欺騙和說謊，只顧著明哲保身的話，因為老師缺乏道德感化能力，孩子也會不受管教。被這樣的老師責罵，孩子也不痛不癢，因為學生會認為：「我只是在模仿老師而已。」

因此，老師必須端正自己的態度，了解自己是一面鏡子，必須經常磨練，糾正自己、端正行為。

解決霸凌的根本之道，就是教導人們了解佛神、天堂和地獄

因此，為了解決霸凌，光靠道德是不夠的。因為道德無法讓大家了解為什麼要這麼做，又為什麼不可以這麼做。

如果不先教導人們何謂佛神、世間與靈界的關係、何謂正確的人生觀，以及死後尚有天堂和地獄，就無法徹底解決霸凌問題。

這就是根本解決之道，對此不相信的人，是無法指導他人的，是無法教導他人何謂「正心」的。最後只能告訴學生「不可這麼做」、「要守規矩」。

不過聊勝於無，採取法治主義也可以，要讓學校受到法律的保護；但這是最低的標準。

希望正義可以主導學校。

以上即是如何解決霸凌問題的方法。

以前我曾經提到即使遭到霸凌也不可以自殺，但光是這麼說還不太夠。如果被身邊一大堆人欺負，而家長又無法諒解，孩子就可能出現自殺的行為，所以一味地要孩子就算被欺負也不可以自殺，是不夠的。大人必須更嚴厲的訓斥霸凌同學的孩子，採取一種「惡就是惡，必須加以粉碎」的立場，這對大人來說是很重要的事。

最近幾年幸福科學在日本全國各地致力解決霸凌的問題，今後將會繼續努力。

第三章

宗教教育的目標——幸福科學學園創辦人的想法

一、學校根據「教育理念」而建構發展

我身為幸福科學學園國中和高中的創辦人，必須告訴人們「創辦人的想法」和「創辦人的精神」。

如同企業有經營理念，根據這個理念來發展企業一般，學校也有學校的教育理念，根據這個教育理念來建構發展學校。

舉例來說，如果現在福澤諭吉還活著的話，看到現在慶應大學的課表或教學，或許會說：「我對此已經不會教了。」但福澤諭吉的教育理念連綿傳遞至今，許多人藉此發展了慶應大學、國中和高中。

就像這樣，創辦學校時的「教育理念」十分重要。

本章並不打算討論一些形式上的理論，而是希望能夠說明我對幸福科學學園的期待、我自己對教育的想法，以及教育經驗或被教育的經驗等小故事。

我想如果能讓各位了解我的想法和感受，或許能夠成為今後的參考。

二、與導師有關的回憶

老師可能對學生產生一輩子的影響

不同的老師會讓教育產生相當不同的結果，這是顯而易見且不容辯解的事。

對學生來說，老師也有好壞之分。當然客觀來說，教師各有實力，但除此之外，也得看彼此之間是否投緣，這也是一種命運。

因此年輕人在創造自己的命運時，遇見什麼樣的老師，有著很大的關係。

老師可能對學生產生一輩子的影響。

而這就是老師這份工作的特徵。

我在讀小學時親身體會班導師的「指導能力」

以下是一個小小的例子，我來描述一下我讀小學時的經驗。

我在五、六年級時班上的同學沒換，卻換了個導師。五年級的導師非常年輕，才剛從大學畢業，因為經驗不足缺乏指導能力，教學的方式也不太高明。

再加上當時我家裡有一些問題，這些事間接影響了我的成績；五年級時我們班上的成績都不太好。

當時我住在日本德島縣麻植郡的川島町（現在的吉野川市），麻植郡的中小學曾經舉行學力測驗，或許整個德島縣都舉行了類似的調查。

這次的學力調查以圖表的方式，呈現麻植郡各小學每個班級的平均分數，非常遺憾的是，所有班級中只有我們班的成績，低於原本預設的標準。調查單位表示我們班的成績原本無法畫在表格上，最後只好以在表格下方畫上紅色的負分圖形來表示。

我本來還不相信，但全班的分數創下全郡最低的紀錄，讓人深深體會到「麻植郡這麼大，竟然沒有人成績比我們還差！」我還記得老師們也很沮喪。

這張圖表的最低標準，原本是假設所有的班級都會在標準之上。各小學所有班級的成績幾乎都在標準之內，只有我們班被貼在圖表下方。這雖然是很汙辱人的一件事，但我們班的成績在升上六年級之前並沒有什麼長進。

到了六年級之後，導師換了個人；這位導師和我們很合得來。

他是德島大學的畢業生，因為非常優秀，他的指導教授建議他繼續念研究所，於是他大學畢業教了一年書之後，就又回學校去進修了。

導師換成這樣的人之後，我們班的成績突然突飛猛進。大家都變得很會念書，我當下也覺得自己突然變得優秀了起來，每一門科目都非常拿手。明明同學和五年級時都一樣，大家卻好像換了個人似的。

我親身經驗到導師的自信、指導能力和教學方法，會大幅改變教學的成果。

從國中起，導師教授的科目我讀得特別起勁

上了國中之後，一年級的導師是一位女老師，負責教授英文。這位老師似乎是因為想當我的導師，二年級又繼續帶我們班。所以國一和國二連著兩年，我的導師都是英文老師。

因此，我覺得自己一定要學好英文。導師是英文老師，英文不好總覺得不自在，而且因為我非常喜歡這位老師，所以更得努力用功，結果我的英文變得非常好。

到了國三，導師還是一位女老師，但教授的科目換成國文，我又覺得自己要讀好國文。

因為我開始覺得只要是導師教授的科目，我就必須很拿手。所以在國中時，我對英文和國文讀得特別起勁。

高一時的導師是一位生物老師。

以我報考的組別來看，生物並不是重要的科目，但因為導師是生物老師，所以我不希望老師覺得我不擅長這門科目。我覺得自己必須讀好生物，只好特別用功，因此也讀得不錯。

這位老師有點與眾不同，在進行魚的變性實驗時，他自己一頭熱，還很高興的說：「把公的變母的，把母的變公的。」

他還曾經邀請我去他家吃飯，所以我雖然是文組的學生，對生物也不敢馬虎。

高二的導師教我要挑戰困難的事物

高二時的導師是一位英文老師。

這位老師人格高尚，當時雖然只是導師，但日後成為訓導主任和校長，更高升德島縣的教育長。大我四歲的哥哥在就讀同一所高中時，這位老師也曾經擔任過他們的班導師。

我曾經有好幾次在放學時，和這位老師一同從學校邊聊邊走到車站。他經常告訴我，他深深覺得自己雖然努力學英文，但如果能再多研究一門實用的科目就好了。

他常說不管是法律或其他學問，要是能多學一門在現實社會中能夠運用的科目就好了。他的專業雖然是莎士比亞，但因為那是以前的東西，現在不能光靠這個，如果再多修一門別的科目就好了。

他的口頭禪是「做人要知恥」，經常對我們說：「同學！要知道羞恥！」這句話在學生之間開始流行，大家經常抓著彼此，要對方「知恥」。這句話在學校裡變得很有名，連家長都知道。後來，這位老師發誓他不會再說這句話，同時還約束自己，結果就真的沒有聽到他講這句話了。

我曾經問過這位老師，要怎麼做才能學好英文，他告訴我：「還是要堅強一點才行，如果不想勉強自己挑戰困難的事物，是學不好的。」

高二時，這位老師曾經推薦一本參考書給我，那是由英國文學學者，同時也是東京大學名譽教授朱牟田夏雄所寫的《如何學好英文》。

老師推薦這本書給當時就讀高二的我，我也照單全收，只記得讀起來非常困難。這本書對一個高二生來說，是非常困難的教科書，我越讀，英文成績越差，那表示這麼做只是在浪費時間。

如果不要讀這本書，而是讀考試用的教科書，我的成績一定會變好。但是挑戰困難事物的結果，即是影響到我的成績，這麼做讓我的英文成績突然一蹶不振。

我上了大學之後，才知道這本《如何學好英文》是大學生考研究所時閱讀的教科書。當時報考東京大學研究所的學生，都拿來當作教科書閱讀。

一個高二生去讀考研究所的人讀的教科書，當然會覺得困難。強迫自己做超出能力以外的事雖然不錯，但因為這本書的程度太高，對一個高二的學生而言稍嫌困難。

我只記得當時原本擅長的英文，成績突然變差，我因此變得沒自信。一且無法瞭解書的內容，就會突然喪失自信。

這本書被當成研究所的考試用書，內容確實有點難度。對一個高二生來說，讀來稍嫌勉強，水準也應該還不到那裡，老師應該是太高估我了。

讓人不服氣的是閱讀《如何學好英文》的我，英文成績竟然開始一落千丈，但是那些拼命讀高一生專用的基礎英文解釋教科書的人，成績卻大有長進。

基礎英文解釋裡面全都是一些簡短易懂的英文，讀這些教科書的人成績都變好了，我只記得當時感覺自己吃了悶虧。

不過，我覺得老師應該是想要我了解挑戰困難事物的重要性，而且日後我也有扳回一成的機會。了解到這個世界上還有超出自己能力之外的事，也不啻為一件好事。

學長中野好夫光明正大地說母校的壞話

如果以舊制中學來說，我就讀的高中是舊制的德島中學，也就是以往的一中。

我有個學長名叫中野好夫，他也是英國文學學者，是東京大學的名譽教授，同時也是著名的莎士比亞文學譯者。

他在我讀高中時還在世，我還曾經讀過他刊登在母校雜誌上的文章。不過那篇文章的內容是毫不避諱地批評母校，裡頭寫著：「我在學校的時候，學校的名字是德島中學，而不是城南高中。我從沒看過這麼糟糕的學校，所以在畢業典禮當天，我把學校的帽子從橋上丟到河裡。」

但是德島中學帽子上的標誌，和舊制第一高中的柏樹樹葉校徽十分相似，他因此遭到舊制第一高中的抗議。

他故意在文章中寫道：「在畢業典禮當天，我用力將學校的帽子從新町橋上丟到河裡，然後大叫：『等著瞧！這種學校倒了最好！』」他在給學弟妹看的文章中故意這麼寫。

他還在文章中寫著：「我再也不想待在這麼討人厭的學校，真是白讀了！」我們學校願意登這篇文章雖然很了不起，但寫的人也算是有膽量，感覺好像在說：「這種俗不可耐的學校真讓人討厭！」

附帶一提，新町橋位於新町川上，德島市的阿波舞會從眉山往德島車站方向行進，途中便會經過新町川。而幸福科學每年也都會以「幸福科學連」的名義，參加阿波舞的表演。

高三時的導師不認為我是個優秀的學生

高三時的導師教授政治和經濟。

上了高三之後，因為入學考試不考政治和經濟，大家自然就不會念得那麼認真。我在國中和高中時從來不在課堂上讀別的書，到了高三為了準備期中和期末考，覺得把時間拿來讀政治和經濟太可惜，所以這兩門課的成績自然不怎麼樣。

因此，高三的導師並不認為我是個優秀的學生，他似乎是因為我在他的課堂上表現不佳，所以不認為我夠優秀。

日後當幸福科學出名之後，媒體為了報導我而去拜訪我的「恩師」；這種時候他們通常會去訪問高三時的導師。

但因為這位老師教授的科目考試不考，我根本沒怎麼讀，老師於是在面對媒體的採訪時，表示我的表現並不突出，大概是在五十名左右。這是不可能的事。如果排名第五十名能夠考上東京大學文組第一組的話，應該是出身名校，但四國沒有這樣的學校。

我想他大概是因為記得我在他的課堂上表現不佳，所以不覺得我優秀。採訪這種人自然會得到這樣的答案，我還真是失策了。

不過我在日後大學的專業科系和工作的公司裡，大量使用有關政治和經濟方面的知識，這方面的需求都是後來才出現的。

以上是有關我的級任導師的部分。

導師的影響力非常大，如果導師和學生合得來，不僅能夠大幅提升所帶的班級，更能夠提高學生的學習欲望。事實上從這個角度來看，導師的責任真的是很重大。

三、對幸福科學學園的期待

入學考試的難度高，表示該校以成為名校為目標

二〇一〇年一月九日，幸福科學學園高中首度在日本全國七個地點舉辦入學考試。

有不少優秀的學生前來參加，前幾名的學生分數大約在七十分左右，平均分數則為四十幾分，內容可說是非常困難。

從平均分數來看，只有少部分考生覺得自己考上了，幾乎所有人都覺得自己落榜了。我進一步猜測老師們的作法，心想他們該不會是為了「那個」才這麼做的吧！

「那個」是什麼呢？

以前我曾經在某大貿易公司工作過。

這家公司的男性員工大多是靠實力被錄取的，而女性員工則是百分之九十靠關係進來的。如果不是擔任重要廠商經理級以上的職務，關係根本派不上用場；靠實力進來的只有一成，剩下的九成都是靠關係。

但是靠關係的人也未必進得來。

因為每一家廠商都很重要，如果讓這些廠商經理級以上幹部的女兒落榜，之後將會嚴重影響公司的生意。不管是每個部門都一樣，所以要如何「刷掉」這些人是非常困難的事。

不過因為是貿易公司，理所當然要懂英文，因此公司在筆試時出了一份非常困難的英文試卷。兩千名大學畢業生來考，平均分數只有二十分。

總之，筆試的目的是要讓來應徵的人落榜，所以才會出這麼一份讓應徵者都考零分的考卷；就連畢業自聖心女子大學或白百合女子大學等東京著名私校英文系的學生都考零分。

考試結束後，每個應徵者都覺得自己考不上，早早就打道回府。之後考試成績會寄給應徵者的家長，這麼一來就算落榜，家長也會說服女兒說：「妳才考五分，這樣哪裡有辦法到貿易公司去工作？」孩子自然就會死心。

這麼一來，即使有關係的人落榜，也不會影響公司的生意，有時候對方還會因為自己的女兒太笨而感到抱歉，因此下更多的訂單。公司就是因為考量到這些，才會故意提高考試的難度。

男性應徵者的考試則簡單一些，考題比較正常；只有女性應徵者的考題，是為了盡可能讓應試者考零分而出的。靠實力考上的只有取得英文檢定一級的人，所以題目應該是非常困難。

我在看到幸福科學學園高中部入學考試的結果時，想起以前的事，心想這一次也是因為這樣嗎?因為教團職員或活躍的會員子弟也參加了考試，萬一這些人沒考上，很難跟家長交代，所以才盡可能提高試題的難度，讓當事人覺得自己考不上。

不過，我相信這應該是因為校長希望讓幸福科學學園成為名校，而是否是名校，看入學考試的考題就知道。看考題就知道學校的理想有多高，所以才會出這麼難的考卷。

從考生畢業的國中來看，其中不乏放棄直升私立高中的優秀學生，以及其他縣市就讀國立大學附屬中學的學生。

由來自各地名校的考生只會寫四成左右的題目來看，這次的考試真的很難，不過我覺得嚴格一點也不錯。

學園裡的老師必須對「日本最具創造性的教育方式」感到驕傲

幸福科學學園的導師比起一般國中或高中導師，至少必須承受三倍的責任，我希望大家對此有心理準備。

除了和其他學校的老師一樣，必須負責教學工作外，就地理位置而言，學園因為位於栃木縣那須郡那須町，學生無法去補習班，所以學園也必須具備補習班的功能。如果學生日後要考大學，學園就必須具備這樣的功能。

有很多公立國中和高中的老師，必須和補習班競爭，有九成左右的老師不喜歡補習班，因為這些人是自己的對手。

而且根據調查，在學生尊敬的人當中，經常會出現補習班老師的名字，對學校的老師而言，這樣的結果讓人非常不舒服。以往的學生雖然也會尊敬老師，但現在卻換成補習班的老師；學校老師的心理當然會覺得很不舒服，也會很討厭補習班。

但是學校的老師一旦討厭補習班，想與之抗衡，就會造成學生出現雙重人格，讓學生在面對學校和補習班時態度完全不同。如果說這是因為他們很成熟，倒也沒錯，然而目前的教育卻教出表裡不一的孩子。

無法妥善轉換表裡兩種性格的孩子，在學校會引發各種問題。因為這樣的孩子對自己很誠實，會將內心的不滿表現在態度上，所以才會引發各種問題。

從這個角度來看，幸福科學學園除了是普通的學校，也必須具備補習班的功能。

此外，在生活輔導方面，除了一般的生活輔導外，還必須包括宗教修行的部份。

因此，幸福科學學園的老師，除了是學校的教師，同時還肩負著「求道者」的使命，必須教授學生宗教的精神。

因為在幸福科學學園中，老師必須與學生共同生活，所以學生能夠觀察到老師完整的人格，我認為這個完整人格的影響力非常之大。

老師們在以宗教信徒的精神修養，以人品、人格影響學生的同時，也必須接受學生不斷的觀察，絲毫無法隱瞞。

從這個角度來看，他們至少比一般學校的老師承受了三倍的壓力，卻領不到三倍的薪水，真的很可憐。

學生應該不喜歡因為住校而無法保有隱私，但與此同時，老師的隱私也遭到壓縮，同時還因為必須進行生活輔導，使老師沒有多少時間可以自我進修。

儘管如此，但學校要求的授課內容程度很高，所以老師必須繃緊神經，努力提升自己的程度才行。

這是非常辛苦的事，但我希望教師們把它當成一種驕傲，不以為苦。如果教師們能夠認為自己正在做的是日本最具生產力、附加價值最高，而且是創造力最高的教育的話，那我就感到很欣慰了。

幸福科學學園今後將不斷有學生畢業，現在教師們能否扮演好自己的角色，決定了日後能否給學生帶來充滿夢想、希望的未來，並且會影響他們的命運，所以學園老師們的工作非常重要。

對一個人來說，在學生時代遇到的老師，所產生的影響不容小覷，所以我希望好還要更好。

四、要如何教授每一門課

學習數學能培養「專注力」、「理論性的思考能力」和「正確性」

針對不同科目也有許多不同的要求。

宗教體系的學校以文科居多；以基督教的學校為例，大多以「擅長英文」作為賣點。而佛教系的學校特徵，一般都是為了培養僧侶，因此較擅長漢文或古文等語言。一般來說，宗教體系的學校大多以文科為主。

但我希望幸福科學學園，亦能夠教授在一般學校中會教授的科目。因為每個孩子都有其各自的可能性，我認為他們將來能夠走上不同的路。

此外，他們在不久之後也會決定自己的主修科目，我也希望他們能夠了解自己的主修以外的知識，也就是說，閱讀自己未來專業以外的知識也很重要。

我在高中時花最多時間讀的就是數學，每天大概要花兩個小時學數學。不過當時學到的知識，現在完全派不上用場。從投資報酬率的角度來看，完全不划算。

我現在雖然還是納悶當初為什麼要花那兩個小時，不過我認為那兩個小時其實是用來培養專注力。如今想來，當時花那些時間培養了自己的專注力、理論性思考能力和正確性。

雖然數學無法直接運用在工作上，但在培養這些能力上有著卓越的一面。

尤其代數講求的是快速和正確，我的代數學得不錯，所以我想這對訓練我快速及正確的頭腦，起了很大的幫助。

此外，我的幾何也學得不錯，最擅長的是空間圖形。現在非常流行3D立體電影，如果不具備類似立體思考事物的能力，便無法解題。我尤其擅長立體的問題，每回考試遇到這類題目，我都覺得很簡單，感覺自己賺到了。

即使是畫在紙張上平面的立體圖形，我都能夠想像它的模樣。不知道為什麼，我就是可以看到上下左右前後的各個角度，所以我很擅長解答立體的問題。

看得懂立體圖形，事實上似乎與提升智能有很大的關係。

由此看來，幾何也是有起到作用的。

優秀之人其弱點就是太害怕犯錯

關於數學我無法多做評論，因為我現在正忙著編寫幸福科學佛法真理補習班「Success No.1」專用的英語教科書，如果又要我編寫數學教科書，那就傷腦筋了。我覺得為了不要自找麻煩，還是少說話的好。總之，我認為數學對於培養正確的頭腦非常重要。

只不過，如果頭腦太過聰明了，做任何事情容易想太細，有時不是件好事。

以幸福科學的職員為例，有些高學歷的人有時也做不好事情；雖然有的人算能幹，但有的人就是不行。

不行的原因在於想太多、顧慮太多、害怕犯錯，因為太害怕犯錯，就會不想挑戰新的工作，或不想接觸自己還不習慣的工作。

也就是因為這樣，頭腦太聰明有時不是件好事。

培養正確的頭腦當然很好，但必須注意不要培養出過於害怕犯錯的心。

參加大學聯考時，當然不能犯錯，所以擁有正確的頭腦非常重要。但是我希望各位不要因為害怕犯錯，而害怕挑戰未知或新的事物。

畢業自東京大學或京都大學等擁有高學歷的人，之所以會覺得在幸福科學做起事來綁手綁腳的原因，應該是起因於幸福科學創新的作風。

幸福科學在面對未來時，不斷地在創新，但在這方面沒有所謂的教科書，必須靠自己邊思索邊進行。

他們非常缺乏這方面的能力，如果要他們記住既有的事物，他們能夠記得很好；而如果有人指導他們，給予明確的指示，他們亦能把工作做好。但一旦要他們自己從零開始做起，就會顯得無助。

這就是為什麼不是每個秀才都能夠成功的原因。

基本上，成為秀才當然是件好事，但希望各位也能夠了解到秀才有這方面的弱點。

數學和英文是訓練青少年頭腦的關鍵

除了數學之外，英文也是主要的科目，即便日本人在一般生活中，不一定會用到數學和英文，但這兩門卻是主要科目。雖然學生很難了解「為什麼生活中用不著英文和數學，但卻又是重要科目」的道理，但我認為可以把它當作訓練青少年頭腦的關鍵科目。

的確，學生們都是被動地去學習那未必會使用到的英文。但數學和英文最大的特徵，就是能夠訓練頭腦和智能，這是不爭的事實。如果將這兩門科目拿掉，將會大幅延緩智能訓練的速度，對大腦開發造成負面的影響。

因此，就算在現實生活中派不上用場，最好還是要讀。雖然在日常生活很少用得到，但其中依舊有重要的意義。

英文也是一種與未知事物的對決，因為是第一次面對陌生的語言體系，學生對此是否感到好奇是非常重要的事。

不過，不同的教法會讓學習英語的效果產生極大的差別，亦會因此影響學生的學習意願。

學生最討厭的科目以數學居多，大概有百分之五十的人都討厭數學，所以數學老師的責任重大。其次就是英文，學不好英文的學生應該不少。

然而，如果強調英文具有實用性，不僅在某種程度上具有說服力，如果學生本身有志向的話，還可以透過出國或者是累積和外國人接觸的經驗，來磨練自己的英語能力。

「考試用的英文」和「當地人士用的英文」是不一樣的

英文的確有其困難之處。

我在編寫「Success No.1」使用的英文教科書時，大致看過其他補習班在課堂上使用的講義。

這些講義裡有一些是根本已經不用的英文，以往在考試時確實曾經出現過，但後來從來沒聽過類似的說法。

此外，講義中對於使用的範例，只在正確的部份標上「○」，錯誤的標上「X」，卻沒有寫出對錯的原因，只是單純寫上○X。

我想就是因為這樣，學生才會不喜歡英文。但他們大概也知道如果想考上東京大學等名校，如果不鉅細靡遺地讀可能就會考不上吧！

不過，在被標示「○」的範例中，出現了並不恰當或者從來沒有聽過的說法，而標示「X」的句子中，有些實際也會這麼用。

麥可傑克森有一部演唱會電影，叫做「THIS IS IT」，不知道是不是翻不出來，片商直接使用了英文的名字「THIS IS IT」，而就是標準的美式英語。一看到這句話，若就感受到「這就是麥可的世界」時，就表示此人真的懂得美式英語。

應該會有不少日本人認為「THIS IS IT」這個說法，不是正式的英文，但它卻是美式英語。

以前我曾摘錄諾曼皮爾（Norman Vincent Peale）所著的《積極思考的力量》中，我認為「好」的英文來製作「Success No.1」裡高中程度的基礎英文解釋教科書。

編寫完成之後，我原本打算以「This is『Be Positive』」來作為這本書的書名，但最後還是覺得要是英文老師問我：「有這種說法嗎？」那可能就傷腦筋了，所以最終我還是沒以這個名字命名。

不過，我真的有這種感覺。

要說有沒有這種用法，以考試用的英文來說確實沒有。

但是如果從麥可傑克森的「THIS IS IT」來看的話，「This is『Be Positive』」確實是個讓人感動的書名。以英文為母語的人聽到的話，應該會覺得可以這麼用，而且認為「This is『Be Positive』」這個書名很棒，這就是以英文為母語的人的想法。

但是對於那些腦中只有思索考試範圍的人而言，會覺得這樣的說法有點奇怪，並且會想要改變「Be Positive」的時態吧！

在教授考試用的英文時，某種程度上必須遵循規則來教。但是老師如果能夠經常和學生聊聊，自己在接觸英文時發生的趣事或自己的經驗，讓他們知道英文的有趣之處，學生應該也會聽得津津有味吧！

「實際使用過英文，並且知道哪種英文是日常生活會用的」，這對老師會產生自信，而學生也會感受到這一點。

此外，「老師是真的喜歡英文而學英文？亦或是把學習英文當成一種義務？」老師對於英文的態度，學生是會感覺到的。因為喜歡而學習的態度，這是會感染學生的，我希望各位能重視這一點。

因為幸福科學致力於國際傳道，所以我希望學校能致力於英文教育。

國文能力會以「閱讀力」、「作文能力」、「發表能力」三種方式呈現

其次是國文，國文是我最擅長的科目，我曾經在《太陽之法》（華滋出版）中稍微提過此事。

我的家族非常重視一個人的文章是否寫得好，然而我卻被認為是家人中最缺乏文科能力的人。

我的父親說我雖然沒有文科能力，但是有做生意的本事。雖然我自己也認為或許真的是這樣，但讓我覺得不太舒服的是，我父親認為我或許會做生意，卻沒有文科能力。

然而，至今我已經出版超過六百本以上的著作（**編注：至二〇一一年三月底，已超過七百本**），這或許出乎他的意料吧！

我的伯母是一位小說家，她的作品曾經在《文藝春秋》和《新潮》等相

關雜誌上連載過，聽說當時還是瀨戶內寂聽的競爭對手。

而我父親的作品雖然不曾出版過，但他經常寫小說，也是個喜歡寫文章的人。

因為家庭背景的關係，我對文章會特別要求，所以國文也讀得比較認真。

不過，數學和英文只要有讀就會有分數，但國文就算唸了，成績也不見得會有進步，當時讓我有點沮喪。

只不過，當時培養的國文能力，現在確實派上用場了；上了大學之後，我的國文能力發揮很大的效用。換言之，「閱讀力」在許多方面發揮了作用，出社會之後，也成為我消化資訊的力量，所以我認為國文是很重要的科目。

特別是「作文能力」和「發表能力」更是重要。

我父親或許不同意我的說法，但我不覺得我的作文能力很差。

我在本章的第二節曾提到，我國三時的導師是國文老師，當時我有著一個特殊的能力。

老師會在課堂上給我們兩張四百字的稿紙，要我們依照黑板上的題目，寫一篇作文。我可以在第二張稿紙上的最後一格標上句點，交出一篇正好八百字的文章。

這樣的話是可以當記者的。我有著能在稿紙的最後一格，正好寫完結論的奇妙能力，總是可以交出字數剛好的文章。因為我能夠寫出老師要求字數的文章，所以或許可以當報社的記者。

無論是什麼題目，我都能夠馬上完成構思，以需要的字數交出一篇文章。

因此，我還滿喜歡國文的。

學習古文及漢文的方法，和英文差不多

同志。

事實上，我高中時的古文及漢文老師，是我父親年輕時從事政治運動的同志。

父親在年輕時沒有固定工作，一直都從事政治運動。他原本是青年學校（為了社會青年成立的中等教育程度之非全日制學校）的國文老師，因為學校在山中，他覺得學校太無聊於是就離開了，之後便開始從事政治運動。

幸福科學學園的那須本校也在山裡，請老師們不要學我父親！

父親在山裡的學校大約教了三年的國文，他曾說在這種會有蛇出沒的地方教這種東西無聊透頂，於是就放棄學校的教學工作，開始從事政治運動。

因為父親開始從事政治運動時的同志，正好是我高中時的古文和漢文老師，讓我沒辦法偷懶。這位老師經常會在火車裡和父親見面談話，我不希望

他告訴父親我的表現不佳，所以只好認真讀古文和漢文。就是因為這樣，我記得我上課時非常認真，從來沒考過低於九十四分以下的分數，永遠都是成績最好的那一個。

我大概是很不擅長面對如此人際關係吧！也或者是因為不喜歡被熟人瞧見缺點。

我很努力地讀了古文和漢文，雖然現在已經記不得當時讀的內容，但就讀書的方法來說，古文和漢文基本上和英文沒什麼兩樣。

喜歡鐵路的三男，也遺傳了我的地理通

此外，我也滿喜歡社會的。

我在考大學時，選考日本史和世界史，但有記者看了我的著作之後，

認為我之前考試一定是選擇考倫社（倫理和社會，現在則分為倫理和現代社會）。我想他會這麼說，應該是因為看了我寫的《黃金之法》（**華滋出版**），但我並不是選考倫社。因為我對自己的記憶力很有信心，所以選擇了需要大量記憶的日本史和世界史。

此外，我也很擅長地理，曾經考過全年級的最高分。現在想來也覺得自己當初怎麼沒有選考地理，大概因為地理課是在高一上的，世界史是高二和高三，而日本史是高三，而我不想浪費高二和高三時上的課，所以才放棄地理，選考日本史和世界史。從兵法的角度來看，地理在高一時就上過了，而且我還考了全年級的最高分，照理說應該要選擇這科比較有利。

我有個兒子也遺傳到這一點；我的第三個孩子在就讀的A中學時，參加了「鐵研社（**鐵道研究社**）」，才一年級就成為社團裡的重要人物。因為他把整個日本的火車時刻表都背了下來，學長也對他另眼相看。

此外，他在讀小學時，補習班的社會老師問大家，有人能夠完整說出新幹線「小玉號」，從東京到新大阪車站之間所有的停靠站站名嗎？他說：「我會！」接著就說出所有站名。補習班的老師驚訝的說：「你竟然會？！」因為這個連大人都無法說完全。

他計畫在高一之前，要坐遍日本所有的鐵路路線，所以只要一放假就拼命搭電車，打算在上高一之前走遍全日本。

他就讀A中學國二時的地理成績全都是一百分，是全年級最高的。

我本來覺得他或許是遺傳到我了，但他說：「這門課我一定是第一名，因為我參加鐵道研究社，每天都在看地圖，不可能輸給任何人。」

他每天早上一起床，就打開火車時刻表開始看。之前我曾因公務要到岡山縣，從幸福科學的津山支部搭乘特快車「Super Hakuto」前往鳥取支部，回家之後我告訴他這件事，他突然開始跟我說明「Super Hakuto」的大小細節。

他會主動跟我說：「我會先在四國德島縣祖母家過一夜，然後過瀨戶內海到岡山去，往前坐到廣島，黃昏時再回德島。」或者是「我在一天之內要繞四國的四個縣一圈。」總之，他就是會坐火車到處繞。

我不知道這是不是遺傳，不過他確實很喜歡地理。

目前幸福科學在日本全國各地成立支部，以推動傳道，讓我覺得自己當初要是再把地理學好一點就好了。高中時學的東西幾乎都忘了，但如果能夠多了解一些地名和當地的特徵就好了。

由此可知，為了傳道多了解一些地方，也未必是件壞事。

有關日本史和世界史的知識是基本素養

日本史和世界史大多需要背誦，讀起來頗為吃力，但相關知識是一個人的基本素養，說得更清楚些，歷史知識就是一個人的素養。

此外，倫理和社會可能和幸福科學學園中的「宗教」這門課十分相近。

我認為政治和經濟對高中生來說應該很難。

幸福科學學園的那須本校，因為遠離市區，所以能夠專心準備考試。不過也可能會因為這樣，而無法及時掌握新的資訊，所以社會科的老師責任重大。

老師們必須確實將發生在日本國內或其他國家的時事告訴學生，不可以裝作不知道，必須想辦法讓孩子隨時掌握資訊。

附帶一提，從其他縣市到東京來的好處之一，就是能夠自然接收政治和經濟等的資訊，所以從外縣市到東京來，也會產生「留學」的效果。

若待在其他縣市比較無法及時接收相關資訊，社會科的老師必須努力隨時更新，持續掌握目前全世界和日本所有縣市的最新資訊。

在理科的科目中唯獨不喜歡物理的原因

如前所述，理科的科目中，我比較擅長的是生物。

我還曾經在駿台補習班的模擬考試中拿過滿分，也曾考過全國最高分，或許是讀得太用力了一點。

此外，化學我也很拿手，我在前面曾提到我的代數學得不錯，非常擅長「濃度計算」，但女兒不太擅長這個，經常算錯。我曾經對她說：「真可惜！爸爸還挺拿手的！」我的化學也學得不錯。

地球科學也很在行，其中雖然包括地震波的計算等，考試時沒選這門還真是可惜了。

我在生物和地球科學的表現特別好，化學也還可以。只有物理，雖然是高二才開始上，但遇到的老師和我不太合。

我或許不能怪老師，這位老師是從工業高中過來的，那所學校是出了名的流氓高中，所以這個老師成天只想著要如何對付不良學生。

但是因為轉職到升學高中，讓他有點不知所措，又不能敲這些好學生的腦袋。他好像覺得：「既然不知道該怎麼辦，只要威脅就對了！」所以上起課來非常有壓力。

這位老師曾經說過對付壞學生最好的辦法，就是使用計策讓他們嚇一跳。舉例來說，他要解不出題目的學生到前面來準備受罰，還要學生咬緊牙關，閉上眼睛，數到三就動手。結果他假裝要打學生，事實上卻沒有打，而是用腳踢他。如果是平常要被踢的話，因為學生也不好惹，一定會採取戰鬥姿勢進行防守。

但因為老師說要打，學生心想一定是從上面來，所以在緊急的時候會睜開眼睛，緊繃著上半身，結果老師卻用腳踢。這位覺得自己很厲害的老師，到我們學校來負責教授物理，相當於是「暴力教師」。

我上了他一陣子的課之後，覺得真的受不了，甚至覺得他應該是上面的人派來降低我們學校水準的使者。

當時，社會上出現了「平等教育」的聲浪，開始進行了校群制度。教育委員會表示要讓德島市內所有學校的高中生，都擁有一定水平的學力，於是開始解放好學校，試圖藉此將每個學校的學力拉到同樣的水平。

因此大家都煞有其事的認為，這位物理老師是為了降低我們學校的學力才被派來的。

因為他上課的內容我完全聽不懂，所以學不好，也不喜歡物理。

不過除了物理之外的三門課，我都很喜歡。

利用體育鍛練身體，提高學習效率

出了社會之後，體育出乎意料的有用。

不過，必須得上了年紀才會了解這點；不只體育，包括社團活動在內等，可以增強體力的活動非常重要。年輕人大多覺得自己體力好，是理所當然的事，卻不了解沒有體力也讀不好書。

回頭想想，我在讀大學時確實如此。

在上一般學部時，還有體育課可以鍛鍊身體，但開始上專業學部之後，就完全沒有體育課和社團活動。我到學校去就只是念書，但總覺得身體很重，光是上下課就讓我覺得疲累，念起書來也沒有辦法專心太久；這其實就是起因於體力衰退，而我到現在才知道這個道理。

但是，當時我並沒有發現這點。因為還是學生，那時並不認為只要鍛鍊好身體，書就可以讀得更好。

出了社會之後，體力也是會影響學習效果。

要想長期維持智力的基礎，就是保持體力，沒有體力就無法繼續學習。

我雖然讀很多書，但一味的讀書卻讓我的吸收能力和理解力越來越差。不過我只要散步一個小時，之後再看書的感覺就會完全不同。

大家或許會覺得散步一個小時是在浪費時間，但是散步會加速你的血液循環，讓你更容易了解書的內容，也可以讀得更快。

只要保持體力，就能夠持續進行知性活動

雖然鍛鍊身體就能夠提高學習的效果，但還是學生時，大家都無法了解

兩者之間的關係，反而會認為體力訓練會徒增疲勞，影響學習，也會壓縮到讀書的時間。

我的小孩參加完社團活動，放學回家之後，傍晚的時間也大多在睡覺。他們在傍晚睡覺，看準了家人都不在時起床，吃飯也吃得比較晚，趁父母不在，邊看電視邊吃飯。他們雖然說會順便寫功課，然後讀書讀到半夜，但因為我從來沒看過，所以不知道是真是假。就算他們說會熬夜讀書，但因我無法確認，所以也不知道事情究竟如何，不過他們似乎真的有在半夜讀書的習慣。

這似乎是因為他們參加完社團活動會覺得很累。

當時長男每個星期會在中學的社團練一、兩次的劍道，回家之後會一直睡到九點，我心想：「有這麼累嗎？」

我在高中時也參加劍道社，每個星期要練習六次，卻從來不覺得很累。

回家之後照常吃晚飯，然後讀書，所以對於「因為參加了社團活動，所以回家之後要先睡覺」這件事，我完全無法理解。

是因為我的體力太好了嗎？從我的孩子參加完社團活動，回家後如果不先睡覺無法念書的情況來看，我的體力一定是很好。因為我就算參加完社團活動，也完全沒有影響，可以馬上振作精神吃飯、讀書。

不過我讀完書之後，上床後不到五分鐘就會睡著。我記得那種感覺，就好像深深的被吸進棉花或泥土般熟睡。

參加社團活動有助於放空大腦，強化吸收知識的能力，因此老師必須讓學生知道體育的重要性，以及體力和學習之間的關係。讓他們了解必須透過運動，建立身體的基礎，才能夠提升並維持腦力。

不這麼做的話，有人就會認為要成為秀才，只要讀書就好了，但事實上，這是行不通的，沒有體力就無法持續學習。

如果從事社團活動，確實可能在「短跑競賽」中敗下陣來，讀書讀得久的人會佔上風。但是上完課之後不參加學校社團活動，接著又到補習班繼續念書的話，身體會越來越差，腦力當然也會跟著衰退，而吸收力也會每況愈下。

老師必須讓學生知道其中的差別。

出了社會之後也一樣，沒有體力就無法做好工作，但很多人就是不清楚這一點。

此外，年輕時曾經是運動員的人，出了社會之後，一旦停止運動，不只是體力，知性活動的能力也會跟著降低，但是人們常常就是搞不清楚這一點。

雖然此人會說：「我以前可是個強棒！」但今非昔比，不只身體不好，能力也有問題。

尤其是在過了三十歲，體力一旦衰退，腦力也會跟著不行。因此在三十歲之後設法保持體力的人，就能夠維持知性活動。不過只要不努力，就無法繼續保持體力。

只要重拾年輕時從事的運動，就能夠增強體力，所以還是要運動比較好。

年輕時如果沒有學習音樂等藝術的話，老了會比較難學

藝術課程，包括音樂在內，有許多門課，如果不從年輕時就開始學的話，很難成為頂尖的人物，上了年紀再學會很辛苦。

我覺得最可惜的就是音樂，如果能再多學一點就好了，真的很遺憾。我覺得自己並不是沒有才能，但因為沒有真正學過音樂，覺得很可惜。

在東京等都市，家長會讓孩子從小就學鋼琴等樂器，我卻沒有這樣的機會，因為我父親不怎麼喜歡音樂。

但奇怪的是他年輕時，應該是在戰時，曾經在神田著名的樂器店工作過。

當時他應該是成城中學的學生，大概是白天去上課，晚上去打工之類

的。不過，他明明在樂器店工作，卻非常不喜歡樂器。

大概是樂器店曾經讓他有過難堪的回憶。不過，在他過世之前，一直都沒有聽他提起類似的事。

如果曾經在樂器店工作過的話，應該不至於完全不懂樂譜或樂器的種類。因為若缺乏相關知識，就沒有辦法做生意。

可是我父親卻這麼討厭音樂，大概是因為在那家樂器店被罵過或是遭到解雇，一定有什麼原因吧！

因為我父親不喜歡音樂，導致我很晚才接觸音樂。對於無法發揮音樂才能，我始終覺得遺憾。

此外，或許是因為我的祖父是維修寺廟的木工師傅，我非常擅長畫圖，製圖總是最高分。我的作品曾經在縣市比賽中得過獎，也曾經在全縣的美術筆試中考過一百分。我的美術老師說我是他在教學生涯中，第一個美術考一百分的學生。不過我覺得我的才華，還不及我的畫家伯父和漫畫家叔父。

總之，學什麼到最後都不會沒有用，這個真的很重要。就算只是學一陣子，也接觸一點比較好。年輕時沒有學過的東西，年紀大了才要學會很辛苦。但是如果曾經接觸過，要再學就會比較容易。

年輕人一定要多開發自己的興趣，這麼一來，一定可以找到自己擅長的科目。然後再從這些科目中，挖掘出可以運用在工作上的才能。在找到自己的興趣之前，不妨多方的學習。

五、宗教教育的目標

培養廣泛的知識可以成為拯救眾人的力量

或許有人認為宗教與學問無法同時存在，但其實沒有這回事。擁有廣泛的知識，一定能夠成為拯救眾人的力量。

學校教授的各種科目，形成社會不同的行業。而正因社會上有許多不同的專業領域，所以宗教家必須能為各個領域的人士提供建議。

因此，擁有的知識越多越好。

以往在送給我過目的書面請示書中，有一份精舍研修講師用的教科書，裡頭寫著「由於支部長和講師並非企業顧問，因此不可提供關於公司經營的意見」。

但這應該不是「不可提供意見」，而應該改成要「要知道自己無法提供意見」。能夠提供意見的人提供意見，就無所謂了。

我只提醒講師：「講師必須知道自己不是專業的企管顧問，如果提供相關建議，而對方因為依照你的建議去做，導致公司倒閉的話，事情就糟了。所以在工作時，必須評估自己的力量。」

意思是說，如果你是這方面的專家，能夠教導如何管理企業，提供意見的話倒是無所謂，但如果不是，就要加以節制。關於這方面，以個人的力量努力研究，是有可能的事。

這個世界上有各種不同的人，如果想要拯救眾人，就必須要對各個領域各方面的知識都要有興趣，而且不斷的學習。

即使自己的專長只有一項，但只要對於其他領域的知識抱持著興趣，就能夠成為拯救眾人的力量。

今後幸福科學將前往非洲傳道，擁有理工科知識和技術的人，到非洲去應該會被當成寶吧！這種可能性很高！

舉例來說，我們購買了能夠將濁水變成淨水的藥物，以及添加有防蚊藥的蚊帳，送給非洲和印度等國進行援助活動。擁有這類技術的人，依照以前的說法，就好像是魔術師。對於不懂這種技術的人而言，真的好像是在變魔術一般。

因此，擁有這種技術非常有助於傳道，大家一定不要忘記這件事。

我覺得孩子有喜歡和討厭的科目並沒有關係，只要能夠不偏不倚進行基礎的全人格教育，讓孩子自己從中找到自己的路就行了。

如果可以的話，要讓學生學會一輩子都能夠運用的知識。

長江後浪推前浪的喜悅

國中和高中學校的教師，真的是一種很不可思議的行業。他們在教書的過程中，自己不會變得越來越偉大，但所教導出來的學生卻會變得越來越了不起。從以前就常常有人說：「明明是學生變得越來越厲害，但越變越跩的卻是老師。」對此，我認為老師們應該多加思索。

和學生競爭，證明自己比較厲害，並不是老師的工作。老師必須要有肚量地跟學生說：「你們一定要超越老師，要比老師更優秀！你要活躍於各個領域，成為一流的人物。」

如果是英文老師，雖然老師心裡一定在想：「學生的英文怎麼可能比我好？」但這樣是不行的。你必須要告訴學生：「我的英文還無法行遍世界，所以你們要超越我，飛向世界。」

如果是國文老師，則必須告訴學生：「我就算寫作出書，大概也連一本都賣不出去，所以你們一定要成為一個能夠寫出暢銷書的人。」

如果是數學老師，就必須有肚量地告訴學生：「我只能教數學，但你們要用數學來賺大錢，要成為一個能夠重整企業的人。」

老師必須成為一種對於自己被超越時，會感到喜悅的奇特人種，必須要能夠對被學生迎頭趕上一事，感到開心才行。

學生會感覺到這種想法，然後瞭解到老師並不會認定他自己一定要很厲害，而是希望我們超越他，這將會在彼此間創造出一種無法言喻的信任感。

我希望老師們都能夠成為學生背後的那隻推手，這也是一種菩薩行，感覺就好像讓別人騎在你的肩膀上過河。這是菩薩行，老師是背後的推手，當學生出人頭地時，必須為他們感到高興。

只要將此銘記在心，就能夠得到學生的仰慕和敬重。

此外，絕不能忘記本章第三節中提到的，老師身為「一介求道者」的立場，必須不斷地累積、精進自己的靈魂修行。

培養能夠理直氣壯說出「信仰很重要」的人

即使幸福科學被區分為宗教法人和學校法人，這看似不同的東西，但其志向是一樣的。

「培育能夠支持、發展、領導日本和全世界的人才」，是幸福科學學園的使命。我認為這也是宗教的一部份，至少是支持幸福科學理念的一部份。對此我十分確信，培養人才是非常重要的事。

我希望能夠在學園中，培養出不被世俗中錯誤的價值觀毒害的優秀人才，以及培養充滿正義感和勇氣的人。

此外，我也希望學園的學生，能夠理直氣壯的說出「信仰是非常重要的」這句話。

我希望能夠培養出旁人在看到此人的人生態度後，絕不會說出「信仰讓他走偏了」的優秀人才。

目前希望能夠進入幸福科學學園就讀的人，對學園有非常大的期待。如果我們能夠回應如此的期待，讓他們成為優秀的學生，那就再好不過了。

第四章

論教育的理想——實行在學生進了社會後能有所助益的教育

一、何謂教育的目的

培養進了社會後，能夠做好工作的人

本章的主題是「論教育的理想」，這個題目雖然有點大，但我想將它細分成幾項來論述。

首先，先來談談教育的目的是什麼？

觀察目前的教育，看不出現在國中或高中學的東西，最終有哪些能在學生出了社會之後，還可以派上用場。

如果學生以後打算當老師教書的話，現在在學校學的東西，應該可以直接用吧！但是真正出社會工作之後，就會慢慢忘記在學校學過的東西，而且必須學習完全不同的新知識。

這麼一來，大家當然會質疑，為什麼要將人生中最重要的青春時期，拿來拼命念書，不斷參加期中考、期末考、檢定考和模擬考，培養學力究竟有什麼意義呢？

不過，就我自己的經驗來看，學校最大的功能是告訴我「如何學習」，這點很重要。

進了社會之後，就變得只能靠自己一個人苦鬥學習，但因為之前我曾經在學校學習過「學習的方法」，所以非常受用。

在社會當中，必須配合自己工作的專業來學東西，但未必會有學校會教這些專業知識，大多只能靠自己學習。

也就是說，必須自己買書作調查，靠自己看。但這個時候就可以運用在學生時代培養的「學習能力」。

從這個角度來看，學生時代學會讀書和努力的方法，是非常重要的。

出了社會實際工作之後，會發現和學生時代想像的世界完全不一樣。在學校，只要考高分就可以理所當然得到稱讚，但在現實社會中，並沒有所謂的考試，就某方面而言這是最無奈的事。

在現實社會中，沒有所謂的期中考、期末考和實力測驗，也不會依照考試的分數，來決定你的職位和薪水。

評價的方式是依照你工作的成果，以及客戶、上司和同事的評價，有別於學校的評分方式。

因為學生時代和畢業之後的評價方式不同，且學生時代學到的東西和做法，或許無法通用。但是我仔細思考教育的目的，應該是要培養未來出社會之後能夠工作，且能夠在社會上得到尊重的人。

做為人的基本，首先是「必須能夠做工作，好好地在世間生存」，更進一步即是「對於至今所受到的恩惠，能夠報答給世人」。學校必須培養學生具備這樣的人格。

老師應該在內心盼望之事

那麼，身為教育者的老師，應該念茲在茲的又是什麼呢？

當然，最重要的是教授好自己負責的科目，但在教學的同時，還必須在內心盼望「自己所提供的教育，能夠讓這個孩子在出了社會後做好工作，獲得社會的認同，或是能夠好好經營家庭生活」。

現在教的東西或許沒有直接的用處，但老師必須教導學生「如何思考、判斷和努力的方法」，讓它成為學生精神的食糧。換句話說，要傳授給學生若今後在人生的道路上迷惘，或者苦於工作上的判斷時，能夠派得上用場的方法。

又或者同學之間發生問題時，老師必須教他們如何與人相處，以及解決人際關係問題的方法。老師要隨時謹記，自己必須培養出一個出社會之後，能夠在社會上表現優秀的學生。

二、一定要教學生的事

要讓學生知道勤勉努力的重要性

如果換個說法來解釋之前的話，那就是「教學生如何讀書，就好比是教他們如何做事」。

老師們必須教導學生在出了社會之後，如何將工作做好的方式，這點非常重要。

那麼，為了能夠做好工作以得到世間的認同，該怎麼做才好呢？孩子們要在就學期間學到什麼，才能在出社會之後勝任自己的工作呢？

當孩子還在學校時，教導他們懂得「勤勉」是非常重要的事。勤勉這個詞雖然古老，但我希望老師們一定要讓自己的學生知道：「勤勉努力的人才能夠贏得他人的認同；勤勉努力之人的前方一定有路。」

我所述說的佛法真理中，有一項「緣起的理法」（原因結果的法則），這項緣起的理法在學生時代最為適用。

在現實社會中，就算你努力，其結果不一定能馬上看得出來。但是在學生時代，無論是數學或英文，只要你的讀書方法正確，「原本不會的，後來會了」如此結果一定會出現。

能夠充分顯現「有原因，如果再加上努力，就會有結果」的因果理法，就是學生時代。

因此，在學校教育中，除了讓學生體會勤勉努力的重要性，讓他們意識到只要努力就會有成果，也是很重要的事。

因為你勤勉努力，別人也會幫助你

人的一生中，有時也會只是因為運氣好或別人的幫助，而有不同的可能性。

不過，在學生時代培養出靠自己的力量開拓未來，是非常重要的事。只要你是這樣的人，上天就會給你好運，旁人也會提供協助開拓你的未來。

像這樣不斷努力的人，出了社會之後，也一定會有大好的機會。

為什麼我說旁人會幫助你呢？這乃是因為，人們是不會錯放那願意努力的人的。在現實社會中，努力勤勉、精進的人是「人才」，人們是不會錯失如此人才不用的。

如果是想要公司倒閉的人，那也就算了。但若是希望公司會有所發展的人，一般都不會無視於這種人才的存在。在上位者一定會給予這種人才適當的教育，努力讓此人從事更高階的工作。不這麼做的公司，一定會倒閉。

總之，雖然說是借助外力，但事實上，還是此人靠著平常不斷努力和精進，獲得他人的認可。事實上，就形同是得到他力的協助。

他力的基礎來自於自力，在學生時代必須好好地學習這自力的部分。

無論是社團或學生會的活動都是學習的機會

在學生時代，大家都會認為學業才是重點。但除此之外，有些事在出社會之後也非常有幫助。

舉例來說，參加學生會、運動或文化社團，事實上經常都和未來的工作有關。因此，我希望大家也好好思考這個提議。

我現在回想當時在學生時代習得的讀書方法，確實成為我至今工作的基礎。而出乎意料的是，「參加社團活動，組織社員、訓練自己的領導能力」、「在學生會中召集幹部開會、討論和決定學校的運作」、「擔任學生代表和老師們開會溝通」、「編輯和發行校刊」，這些對我也都有不小的幫助，並連帶影響我現在的工作。

就像這樣，除了學科之外，所有活動都和我現在的工作息息相關，所以我認為「一切皆是學習的機會」，因此希望各位能以如此角度來思考。

三、要能夠被稱為「老師」的條件

接下來我想談談，能夠提供給現在正擔任教職的老師們參考的意見。被學生稱為「老師」，是很辛苦、很嚴苛的一件事，如果你不這麼覺得的話，我必須說你太天真了。如果你認為有教師證就可以當老師，那真的是太天真了。

在日本的教育界，即使老師找不到學生也不會失業。如果是一般的公司或商店，沒有攬客能力都會倒閉，但教育界卻沒有這樣的情形。因為學生就讀哪一所學校，是依照戶籍地來分配，因此公立學校不會有倒閉的問題。只要有教師證，就算只有二十幾歲也可以被稱為「老師」，大多數人就這樣一直被叫到退休。

依照社會上的通則來看，如果沒有客人上門，無論是什麼樣的店家都會關門大吉，但只有學校（雖然最近合併或廢校的情況變多了）基本上不會有這樣的問題。

老實說，如果學生不是因為想要受教於這個老師而來，老師就稱不上是老師了。我認為這是一個人被稱為老師的最基本條件，如果我們必須綁著學生，讓他跑不了才能當老師的話，那就太糟糕了。

目前學校必須和補習班競爭，學校的老師對補習班也都沒有什麼好感。有不少老師會在快下課時，故意延長班會的時間，不讓學生去補習班，因此和學生發生爭執。

甚至有老師對學生說：「我一聽到『補習班』這個詞就全身發癢。」老師一聽到學生說今天要補習，所以要早點回家，就故意拖延班會的時間，不讓他們離開。這些老師用這種方法和補習班對抗，這是因為他們的工作不需要面對「顧客」。

我知道當老師聽到學生說要去補習時，心裡一定很不是滋味，但基本上這和老師有沒有吸引學生的能力有很大的關係，老師必須清楚這一點。

這種情況不只會發生在學校，也可應用在宗教上。只要特定區域的信徒超過數百人，幸福科學就會成立支部，安排支部長前往當地。但是如果支部長到了當地之後，無法使信徒的人數增加，那他就稱不上是真正的支部長。如果只是因為有信徒，才獲派這樣的任務，是不夠資格當支部長的。因此類似的道理也適用於宗教。

四、成為受歡迎老師的方法

深入研究自己的專業領域

那麼，我們應該想想該怎麼做，才能吸引學生，成為受歡迎的老師？

首先還是必須努力，或許努力並不會讓薪水增加，但這不是薪水的問題。因為這麼做能夠讓孩子了解學習的喜悅，讓他們感受到受教的幸福，這和老師自己的存在價值有極大的關係。

能夠感受到自己對他人有幫助，能夠讓孩子對未來有夢想，是一件讓人非常快樂的事。為了要達到這個目的，多少還是需要努力。

如果老師只打算付出最少的努力，學生也一定只想用最少的努力來解決問題。

現在有不少學生是來學校睡覺、運動或改變心情的，甚至還有學生在課堂上丟球玩耍。老師應該會覺得很不舒服，但你還是必須讓學生尊敬你才行。

重要的是必須努力，深入研究自己的專業科目，或許你會覺得我已經讀了這麼多，可以充分勝任教師的工作，但我還是認為，努力深入研究自己的專業領域是很重要的。

對此，學生一定會感受的到；雖然很不可思議，但他們就是會知道。即便他們沒有看到老師在讀書，也一定會知道你就是這種人。因為盡全力努力的人，會散發出一定的氣質，孩子也會有所發現因而尊敬你。

以往問學生最尊敬的人是誰，他們的回答若不是「自己的父母」，就是「學校的老師」。但是現在幾乎沒有人會說是學校的老師，倒是會出現補習班老師的名字。這對學校的老師來說，應該是件讓人難過的事。但是孩子也知道補習班的競爭，要比學校激烈。

補習班競爭激烈的程度，可由此得知，如果一個老師在教完一個學期之後，能夠將學生留下三分之一的話，代表他很厲害。也就是說，如果學生認為這個老師的課不值得花時間來上的話，寧可不要補習費也會不來上課。他們會換到學習效果更好的補習班，選擇效率最好的地方去上課。

他們會認為距離考試剩下不到一年，不想把時間浪費在沒有用的課堂上。就算已經繳了報名費，他們也沒辦法在空蕩的教室裡，悠哉地坐上一年。學生只要覺得沒有用，就會立刻轉班。這就是補習班，和一般商店的情況一模一樣。

而且有的補習班會在教室裡面安裝攝影機，從辦公室監看上課的情形，確實地掌握老師是否受學生歡迎。

另一方面，公立學校的校長即使想看老師上課，也會因為老師不願意而沒有辦法。如果是教學觀摩，因為準備充分就算有觀眾也無所謂。但除此之外，大家都不喜歡突然有人跑來看自己上課。

但這個社會是很殘酷的，既然實際的情況是這樣，老師身為教學專家，也必須努力才行。

加倍努力就可以有自信

我舉個例子。

幸福科學的出版社出版了一本由渡部昇一先生監譯的《自助論》，作者是英國的司麥爾斯（Samuel Smiles）。這本書在明治時代由中村正直翻譯，當時號稱只要是讀書人，沒有人沒讀過這本書，非常暢銷。有不少人因為這本書立志向學，由此可知這本書對日本學問的發展貢獻極大。

負責監譯的渡部昇一先生，在以往的作品中曾寫過這樣的小故事。

他非常尊敬高中時的英文老師，這位老師在退休之後，因為教師不足又回到學校教書。

之後渡邊先生考上上智大學的英文系，第一年的暑假返回故鄉山形縣去拜訪老師時，老師問他：

「喔！你考上英文系了？書讀得如何？我問你一個問題，英文裡有個字叫 nowadays（是「當今」、「現代」的意思），這個字是在 now-a-day 的後面加上 s，為什麼在 aday 的後面加上 s 呢？」

渡邊先生無法回答這個問題。

「如果將 nowadays 拆開來看，now 是「現在」，a 是單數的 a，day 則是「日」。為什麼要在單數名詞 aday 的後面，加上複數形態的 s 呢？」

渡邊先生或許是因為自己是英文系的學生，卻無法回答這個問題而覺得懊惱。在暑假結束返回東京之後，他拿著這個問題問遍上智大學英文系的每個老師，卻沒有人能夠回答他。

在那之後，他因為這個問題讀了許多英文文法的書，但都找不到答案。兩年後，才在細江逸記博士所寫的《英文法汎論》中找到相關的說明；渡邊先生在他的書中記錄了當時他發現答案時的喜悅。

Nowadays 的 s 並不是複數形態，而是因為 s 具有讓一個字變成副詞的功能，在名詞之後加上 s 就可以副詞化，這個用法出現在近代英文文法的歷史當中。

也就是說，這個 s 讓 nowaday 這個名詞變成副詞，用來表示「當今」或「現代」。

《英文法汎論》中雖然有這樣的解釋，但就算問現在的英國或美國人，也應該沒有人可以說明吧！他們應該只會回答你：「就是這麼用！」

事實上，我在講述這一章的前一天早上，也讀了這本《英文法汎論》。

當時正好我的第二個兒子為了準備期末考熬夜讀書，我一大早四點鐘起床，去打探他的情況時，趁空讀了一下。

這是大正六年（**編注：西元一九一七年**）出版的舊書，讀著讀著給人一種莫名的感慨。

書中的例句都出自莎士比亞或狄更斯等經典的文學作品，這些句子雖然都出自作家之手，但書中列舉了許多「文法看似錯誤，但當時實際使用的句子，其演變的過程」。我覺得這本書真的很值得參考。

我雖然是宗教家，但因為想在佛法真理塾「Success No.1」和幸福科學學園裡幫上點忙，所以利用零碎的時間，分別編輯了十多本「英文單字片語集」和「英文讀解教科書」。

當時，我原本打算摘錄各校入學考試的試題，製作英文讀解的教科書，但被告知：「如果是這樣的話，其他人也可以做。」我問對方：「那該怎麼辦？」對方建議我不妨以原文書作為參考資料。於是我從最喜歡的英文書籍中，找出最好的文章編輯成教科書。

如果是我從年輕時就讀過十次以上的書，我可以清楚掌握內容，知道什麼地方有合適的句子。於是我利用這些句子，編輯了幾本簡單的教科書。

我在編輯教科書時，也看了一下現有的翻譯，發現其中有不少錯誤，這才知道必須用原文書才行。

就像這樣，我雖然是宗教家，但我也會一邊閱讀英文的原文書，一邊編輯英文的讀解教科書。此外，我也會閱讀從以前到現在出版的英文文法參考書。因為現在的書籍內容都比較簡單，所以還是要讀一些以前出版的、內容比較紮實的書。

在進行如此努力的過程中，我出現了一種難以言喻的恍惚感。我雖然是個宗教家，但是我除了能夠閱讀大量的現代英文文法書之外，也能仔細研究大正時代所出版的歷史悠久的文法書，對此我很有自信。一旦有了這樣的自信，我在閱讀英文專家的作品時，便能夠清楚掌握書中的錯誤。

只要精通英文文法，即使是日本人，也能夠修改美國人寫的英文

仔細想想，在我年輕時也發生過類似的事。我大學畢業後進入某大貿易公司工作，第二年就被派往紐約。當時公司裡有幾位已經工作了好幾年，甚至是十幾年的以英文為母語的前輩，但我卻必須負責檢查他們製作的文件。這話聽起來雖然很囂張，但是才剛到美國的我，就負責修改以英文為母語的人的英文，還得指出他們的錯誤，請他們重新繕打。

如今想來，這應該是我在學生時代苦讀英文文法的功勞吧！大概沒有美國人會把一本厚達五百頁的英文文法書，反覆讀個十次吧！

一般的美國人不會這麼用功地讀文法，即使是長春藤名校（八所位於美國東部的著名私立大學）的學生，要能夠如此精通英文文法，也必須非常優秀才行。大多數的學生都只是一知半解，不會讀得這麼仔細。因此，他們不會逐一檢查每個單字是否正確。而如果是對話的話，因為比較有彈性，可以有各種不同的說法，也不會這麼嚴格。

我想對他們來說，讓日本人修改自己的英文，應該嚴重打擊了他們的自尊心。

而且當時我才二十幾歲，他們都覺得：「你到底算什麼？」但因為都被外派了，我也莫可奈何只好照辦。身為日本人的我，只好煞有介事的改起資深美國員工的英文。

當時我自己也覺得莫名其妙，但不可思議地，我竟然能夠指出並修改他們的錯誤，我只能說這就是學問的力量。

最後還是贏不了喜歡讀書的人

東京大學有一位教授出版了許多有關英文的書，他在某一本書中提到：「英文的能力也有段位之分。如果你一天可以讀三至四小時，每天讀五十頁的英文書，就算是初級。」如果這樣的程度是初級的話，那我早就已經是了。

不過當我看到他說他在東京大學教了二十年的英文，期間讀了五、六百本英文書，數量之少讓我很意外。我雖然不是英文學家，但英文藏書超過一萬本，程度明顯不同。

因為讀英文已經是我的樂趣，閱讀他的作品，讓我明顯地發現兩人學力的差別。

在一開始的時候，努力用功雖然很重要，但在那之後若能夠樂在其中，更是重要。

老實說，因為喜歡而學習的人是無敵的，我相信「知識的世界是沒有天才的」。數學或物理的領域或許有天才，但因為我沒有看過這些人直接變成天才的那一刻，所以無法置喙，但至少一般的學問是沒有天才的。

一開始必須腳踏實地，之後再慢慢進入因為興趣而學習的世界，因為喜歡而學習的人是無敵的。

以英文老師為例，只要能夠應付每天的課程，批改期中考和期末考的試卷，就可以解決工作。

但如果是因為喜歡而讀英文的人，他會去看英文書、英文戲劇或電影，也就是說會付出額外的努力。然而，就算這麼做卻過度努力的話，也無法持久，必須要真的喜歡才行。

當然有人認為天才確實存在，但我真的認為，到最後你還是贏不了那些因為興趣而學習的人。

如果想成為一名作家，最快的方法就是大量閱讀小說。如果不大量閱讀就無法成為作家，因為不可能只靠自己的靈感寫作，這種做法無法長久。倒是因為喜歡小說而大量閱讀的人，才有可能寫小說。

因此，要讓自己達到這樣的水平。

因為一開始必須努力，所以讀起書來會很辛苦，要踏出第一步非常困難。無論是翻開第一頁或解答第一題，要動手做一件事都需要努力，但在那之後就需要將它變成習慣。

一開始靠的大概是意志力和努力，之後必須讓「求知」成為一種習慣，最重要的是要將它發展為一種興趣。

只要變成興趣，就不會有極限。

我再重新整理一次重點。

一開始不要只求要領，必須一而再、再而三的努力，之後讓讀書成為一種習慣。也就是不需要努力，時間一到，自己就能夠坐下來輕鬆學習。

其次是要讓學習成為一種興趣，為此或許必須了解自己應以何為專業，但是一旦成為興趣，你的成就就會和那些辛苦強迫自己學習的人完全不同。

這就是提升學習、增長學問的一種辦法。

跟著這樣的老師學習，學生一定會受到知性的感化而喜歡讀書。

喜歡老師卻不喜歡這個老師教的科目，是不可能發生的事。因為學生一旦喜歡這個老師，就會希望得到老師的認可，因此努力學習。

由此可知，老師的存在是非常重要的。

除了專業領域，還要開發自己另一個擅長的技能

我還想要提醒各位，雖然不深耕自己的專業領域，無法獲得他人的尊

重，但除此之外，去開發另一個擅長的技能也很重要。

我很清楚要想精通專業領域的知識，在一定的時間內必須禁欲，以免能量太過分散而有所影響。但是在確實建立了專業領域之後，必須學習另一個領域的知識。

譬如，「英文老師很懂歷史」、「數學老師非常了解天文學」、「物理老師非常熟悉音樂」。除了自己的專業領域外，另外擁有一片天，也就是自己另一個擅長的技能是很重要的事。

然後，透過每年不斷的學習、體驗、強化相關領域的知識，專業領域和擅長的領域之間的落差，會成為此人獨特的觀點，學生也一定能夠清楚發現老師的與眾不同，而且這樣的老師上起課來會生動有趣。

我在前面提到關於 nowadays 的故事，大概沒有人會在談論宗教時舉這樣的例子；我想再舉一個和語言有關的例子。

因為我的專業是宗教，偶爾也會談談伊斯蘭教，然而日本這方面的聽眾不多，所以我沒什麼機會提，不過伊斯蘭教也在我的專業領域之內。

關於伊斯蘭教的常識，大家最經常聽到的，應該就是伊斯蘭教只有阿拉一個真神，是一神教。

但事實上我在讀《可蘭經》時發現，阿拉稱呼自己有時用的是「我」，有時用的則是「我們」。

一般的日本人在讀《可蘭經》時，應該不會注意到這些；如果是研究伊斯蘭教的人，看到出現單複數兩種答案，應該會覺得不可思議。

關於這個問題，伊斯蘭教神職人員的統一說法是：「阿拉雖然是唯一的真神，但他習慣在自稱時使用『我們』。」

但是對我這種實際出版過「靈言集」的人，阿拉這個字之所以有時代表「我」，有時又代表「我們」的原因是不言而喻的。

在用「我」的時候，那代表傳送靈示的靈，是在闡述自己一個人的想法；而用「我們」的時候，那很明顯地表示是一個指導靈團，在闡述一群人的意見。由於這樣的說法和一神教的理論不合，伊斯蘭教徒無法理解，因此伊斯蘭教圈內也無法清楚說明這個原因。

不過，每次我於說法提到這件事時，都會有人覺得很有意思。這和我之前提到的 nowadays，最後為什麼加上 s 的例子，有同樣的效果。

伊斯蘭教明明是一神教，為什麼唯一的真神會使用「我們」這個詞是個謎。而對於這個謎，我的解釋是：「因為靈界有指導靈團，很明顯地指導靈有好幾個，他們將靈示傳遞給世間。」

除了幸福科學之外，沒有人明確地解釋這個問題，而我之所以能夠提供這樣的說法，說到底還是因為我一直以來鉅細靡遺且正確的閱讀。透過這樣的方式培養出的「分析能力」，讓我在閱讀文獻時非常有效率，在閱讀的過程中隨時會注意到有問題的地方。

因此，在閱讀時必須縝密且正確。

然而，在出社會之後，必須快速處理大量的資訊。只不過，此時不能囫圇吞棗，平日可以細嚼慢嚥，但對於有時間壓力的資料，就必須具備著能夠一次處理大量資訊的能力。

努力讓學問產生成果

此外，教育雖然是為學問服務，但我認為教育的理想應該是「透過所有的學問，努力創造對社會有用的成果」。

只要一個不小心，有時追求學問會變成是在浪費時間。也就是說，把追求學問當成打發時間或娛樂的工具，而無法創造出任何產物的學者，大有人在。

雖然沒有任何出版品，卻擁有豐富知識的傳說人物不少，但我認為沒有代表作品的學者和權威人士，是不值得相信的。如果內在真的有滿滿的學問，勢必會盈滿於外。

因此，我希望各位在追求學問時，必須要有「利於社會，以某種方式活用」的打算。

尤其是在進了社會之後，這種態度特別重要。因為資訊爆炸，如果進行太多無謂的學習，只是在浪費人生。

也就是說各位需要努力集中自己的能量，盡可能學習對社會有所貢獻的事物，同時也要讓學生明白這點。

雖然學者有時也必須讀一些沒有用的東西，但我還是希望各位的學習，能夠讓你產生新的嗜好、興趣、開發新的產業或下一個學習對象，你的學習必須能夠有助於你成為先驅（**開拓者**）。

總之，為了不要浪費時間，最重要的就是學習能夠以某種形式，幫助這個社會創造成果的事物。只要抱持這樣的想法，就能夠割捨沒有用的東西，將精神集中在最重要的部分。

保持這樣的做法十分重要。

五、成為能夠激發學生幹勁的老師

被我這麼一說，大家或許會覺得我之前提出的 nowadays 的例子，好像沒什麼用。

但事實未必如此。一旦孩子們對知識產生興趣，就會提出各種問題，而老師只要能夠回答，學生的學力和成績就能夠大幅成長。

題。

我在高中時也是個很愛問問題的學生，但老師幾乎都無法回答我的問題。

舉例來說，我在查閱某大學英文考題的翻譯時，發現著名的《英文標準問題精講》的作者原仙作的翻譯，和東大名譽教授朱牟田夏雄的翻譯不一樣。於是我拿著這兩個人的翻譯，問老師為什麼不一樣？哪一個人翻的才正確？老師雙手抱胸，回答我：「嗯！因為這兩個人都很厲害，我很難說他們誰對誰錯。」

我緊追著問：「可是這兩份翻譯不一樣，應該有一個人是對的，另一個人是錯的吧！」老師跟我說他無法判斷。

上古文課時，我也跟老師說：「我實在看不懂這一段的意思，您覺得呢？」老師立刻就回答我：「我不知道！」我到現在都還記得，當時那種不舒服的感覺。

無法回答自己準備的教材以外的問題，是一件悲哀的事。只要提問兩、三次都得不到答案，學生就不會再問問題。我希望老師們在面對突如其來的問題時，都能夠回答出些什麼，至少應該告訴學生一個方向。老師只有這麼做，學生才會有學習的欲望。

一旦讓學生認為老師真是份輕鬆的工作，只要準備好教材就沒事的話，便很難得到學生的尊重。

因此，利用零碎的時間也好，保持讀書的習慣，培養自己的實力，是非常重要的事。

努力是無限的；請不要以為「所謂『學問』是具有天份的天才，才能夠獲得的東西」。

首先必須腳踏實地的「精進」，接著養成努力的「習慣」，然後讓這種習慣變成一種「樂趣」，讓自己覺得是因為樂在其中，所以才這麼做。

接下來，你想學習的事物雖然會無限增加，但是必須創造出可用之於社會的成果，要把時間花在創造這些成果上，要用這樣的態度來篩選學習的項目。這是非常重要的。

光靠一個章節無法談完我對教育的理想，但還是希望對各位在實踐時有所助益。

第五章

論信仰與教育——以培養出眾多新時代的菁英爲目標

一、我對幸福科學學園的期待

二〇一〇年四月，幸福科學在日本栃木縣的那須，成立幸福科學學園國中部和高中部。我之所以成立這所學校，最初是因為二〇〇六年我的三男，在他就讀的公立小學遭遇到霸凌事件。

在經過多次的交涉之後，我發現要求學校提出解決之道，根本是不可能的事。

如果是一般的情況，大家都會保護受害人，但公立學校的老師對宗教有強烈的偏見，無法公平看待這件事。再加上學校非常保守，不僅不受社會監督，就連警察都無法介入，呈現「完全的密室狀態」。

在那之後，雖然幸福科學在全國興起了保護孩子免遭霸凌的各種運動，但我發現很多人都和我有相同的經驗，因此我強烈感覺到必須進行教育改革。

不過，我認為雖然改變眼前的情況很重要，但提示世人「學校應該有何樣貌」亦是當務之急。

於是，當時我宣言要在三年之內創辦學校，並著手興建幸福科學學園，而現在剛好是第三年。

關於建校的地點，我打算招收全國各地的學生，但如果全校的學生都必須住校，那麼學校的地點就不一定非東京不可。因為幸福科學位於那須的總本山那須精舍其土地非常遼闊，足夠興建校舍、宿舍和體育場等設施，於是我提議由教團將其中三萬坪的土地捐獻給學園，在那須精舍境內成立學校。

我認為只要學校辦得好，就能夠招得到全國的學生，如果宿舍也蓋得不錯，一定可以成功。

事實上，學園的校舍和宿舍都非常壯觀。從國一到高二住宿生為兩人一間房；準備參加考試的高三學生，則是一人一間，非常舒適。此外，宿舍裡還安排有提供協助學生生活的管理員住在裡頭。

男生和女生宿舍分別位於餐廳兩側，雖然各自分開，但只要出來吃個飯、喝個茶的時候，男女生就能夠互相交流，感覺非常不錯。

遇到下雨也不用淋雨，學生能夠從宿舍前往餐廳、校舍、禮堂和體育館，非常方便。

這裡聚集了全國的菁英，第一年就有許多人來報名，非常受歡迎。

如果只考量分數的話，考生的成績必須好到能夠考入一些著名的升學學校，成績不到這個程度很難保證考得上。要不就是面試的話，這個學生必須好好表現，否則也很困難。

光靠成績要進入學校並不容易；因為除了學力，學生入學時，我們還會考量他在佛法真理補習班「Success No.1」學習時的精進程度，以及父母參與幸福科學活動的情形。因此，光靠成績要考進學校真的很難。

幸福科學學園國中部和高中部，計畫在二〇一三年成立關西校區。此外為了配合那須本校國中部第一屆的畢業生，目前正在準備於二〇一六年成立幸福科學大學。而二〇一三年進入關西校區高中部就讀的學生，也能夠到這所大學就讀。

我們已經取得十萬坪位於日本千葉縣的大學用地，由於必須進行造鎮和整頓交通，目前正在擬定各項計劃，二〇一六年將成立大學。這就是目前的計劃，不久後，我們將能夠培養出眾多創造日本未來的人才。

我認為不能光批評目前現有的學校教育，我希望能夠透過我們，讓人們了解「學校應有的樣子」。

我想要實際地培養出人才，並讓這些人才為世間貢獻，並且我希望讓人們知道，幸福科學所認為國家的中流砥柱，能夠拯救世界的人才，到底是什麼樣的人才。

二、學校教育原本應該培養什麼樣的人才？

培養能夠感受到高貴義務的人才

我強烈認為目前的學校教育只停留在知識的學習，尚未傳遞給學子隱藏在背後最重要的部分。

我認為，把自己曾就讀於名校當作是自己出人頭地，或者當作是追求個人利益的工具，這做為人來說是一種恥辱。

越是畢業於好學校的人，就越是接受了更多人的力量和幫助。此人或許覺得這一切都是靠自己得來的，但事實上並非如此。

此人是在許多人的幫助下，才能走向這條菁英之路。即使看起來這個人像是只靠自己，但事實並不然，此人只是沒有發現有眾人之力介入其中而已。

然而，若是培養出眾多以自我為中心的菁英，對這個國家一點好處也沒有。我認為被稱為國家菁英的人，基本上應該要把為社會、為人類、為國家和為世界奉獻，當作是尊貴的使命。

日本雖然已經發展到某個程度，但仍未成功培養能夠感受到高貴義務的人才。

大部分的人都認為只要自己好就好，或是只要家人和身邊的人好就好，世界的部分就交給其他大國或聯合國，完全沒想過要為這個世界主動做些什麼。

但我認為必須要有決心，靠自己的力量讓這個國家和世界更好。

為此，就必須要培養能夠感受到高貴義務（noblesse oblige）的人才，必須以宗教思想為其中心思想。

然而，我不認為現今的日本憲法可以完全認同宗教，雖然有所謂國家應與宗教分離的政教分離之規定，但這容易被解讀成「宗教一旦和政府的權利掛勾，就會失控，進而做惡」。

但是，如果宗教原本就是從佛神的教義而來，就不應該會是壞的。冒牌的宗教是另當別論，但如果宗教是從佛神而來，就必須是善的。

因此，由接受過以宗教為中心思想的學校教育、宗教教育的人，來主導日本的政治和經濟，其結果也必然是非凡的。

與此同時，接受過如此教育的人，也必須要胸懷大志，「除了自己的國家之外，也要幫助其他國家」。我希望能夠培養出擁有如此壯志和熱情的孩子。

如果真的是優秀的人才，就必須擁有「勇氣」和「創造力」

並不是入學考試的難度越高，學校就越好。

我之所以這麼說，是因為在觀察自一九九〇年之後日本的問題時，發現畢業自日本最頂尖的東京大學的學生，表現實在不佳，而且也不怎麼活躍。常常看到這些人無法好好地引領國家，或者是經營的公司也以倒閉收場。身為校友的我，對此感到十分慚愧。

一九九一年當上總理大臣的宮澤喜一，也是東京大學的畢業生。但是在他之後，就再也沒有東大畢業生當上總理大臣，直到二〇〇九年，才又由東大校友鳩山由紀夫出任總理大臣一職。

但是我由衷地認為，他在那個時候出線，對日本是非常倒楣的一件事。因為他不僅在日本景氣低迷的時候，抑制景氣的好轉，還在日本需要在國際社會中扮演重要角色的時候，企圖帶領日本從國際社會中出走。我認為選上這種人擔任日本的總理，對日本的百姓來說，是非常悲哀的一種判斷。

東京大學再這樣下去會完蛋，而日本的百姓似乎還沒有這種感覺。我認為大家都誤以為或妄想東大的學生都很優秀、很聰明，但事實並不然。

東大大多數的畢業生都為了考試，接受過長時間機械式的訓練，為的就是拿到好成績。可惜的是如同我在《創造之法》中所寫的創造力，他們缺乏「創新」的能力。此外，也如同我在二〇〇九年出版的《勇氣之法》中所提到的勇氣，他們也缺乏勇氣。結果這群缺乏勇氣和創造力的人，竟然成為日本的菁英團隊。

真正優秀的人必須具備勇氣、行動力和創造力，社會上如果沒有這樣的人，日本將沒有活力，更不會有影響世界的力量。

三、新時代的菁英

若不害怕失敗挑戰新事物，便可創造未來

日本人對菁英的定義是錯誤的。

在東京大學的畢業生、在校生，以及在進入東京大學之前，就讀知名高中的在校生中，蔓延著一股「害怕犯錯的心」、「得過且過主義」、「只要不失敗，平安無事就是幸福」的想法。但這是不行的，在新時代當中，這樣的人算不上是菁英。

新時代的菁英必須是不怕失敗、勇於挑戰，能夠創造未來的人才。

而且也不可以害怕被他人批評，只要你有所創新，就一定會有批評的聲音。

如果害怕批評，認為「不被批評才是模範生」的話，那就表示你不想對這個國家和世界有所貢獻。

因此，必須培養出不怕批評，且能夠貫徹信念的人才。

那麼，勇氣又從何而來呢？

我認為勇氣的根本來自於「信仰心」。只要有信仰心，就不怕面對各類的批評和世間的風浪。

如果想要創造整個地球的幸福，就必須要對那指導地球的佛神，從根本上持有信仰之心。

如果無法培養出擁有這種信仰的菁英，這個國家以及世界將不會有未來。

我們還可以創造更好的未來，只要努力想創造新的未來，不被舊有想法禁錮，藉由「想要挑戰新事物的勇氣」，即能創造出嶄新的未來。

目前幾乎所有被稱為菁英的優秀人才，都害怕改變傳統做法，全都依然故我，也就是以前怎麼做現在就怎麼做，這種人非常多。

因此，我建議各位要勇於嘗試新的挑戰。

我所謂新的挑戰，並不是中止興建水庫，或暫停正在進行的新幹線工程，因為這些並不算是新的挑戰。那些只是政客的腦袋睡著了，只能說他們只想擱置問題，不想要解決問題。

雖然，有人說官僚不好，所以政治人物推翻官僚制度是對的，但其實並非如此。事實上，政治人物和官僚都有問題，現在是兩個都有問題的人，互相地指責對方有問題而已。

為什麼說他們有問題呢？因為政治人物和官僚都認為，只要遵循前人的腳步，照本宣科，不犯錯就行了，而且他們還相信這就是最優秀之人的想法。福澤諭吉也早在一百多年前就提出類似的說法，他在《福翁自傳》中批評：「官僚虛張聲勢，讓人莫可奈何。」明治時代已經出現的問題，現在依舊存在，由此可知這個世界完全沒有長進。

而政治人物被認為無能的情況，也同樣沒有改變。

我認為必須從更高的層次施力才行，而這就是現在的菁英應該做的事。

目前，這個世界正期待一個能夠從地球規模的觀點做出公平判斷的領袖

我認為美國是一個以地球規模的觀點，來思考事情的國家，在這層意義上，美國是現代最進步的國家。

然而，我仍認為美國的力量尚不足夠。美國在處理兩相對立國家的事務時，其主要考量還是依據自家美國的利害關係。因此，我不認為美國是以地球規模的觀點，做出了公平的判斷。

譬如，獲得諾貝爾和平獎的歐巴馬總統，其演說也給人這樣的感覺。

他在提到美國增兵阿富汗的理由時，表示：「今後只要凱達和塔利班等恐怖組織繼續存在，世界各地就會有無辜的百姓，和世貿中心那三千人一樣，因為恐怖攻擊而死亡。我們不允許這樣的事情發生，所以才會發動戰爭，這是一場正義之戰。這不是和伊斯蘭教之戰，而是和恐怖組織之戰。」

但是美國以同樣的藉口，在二〇〇三年發動了美伊戰爭。

美國雖然是個資訊公開的國家，但卻不會發表對國家不利的情報。各位能夠正確說出有多少伊拉克人或美國人，死於美伊戰爭中嗎？因為資訊受到管制，應該沒有人知道吧！

或許死於美伊戰爭中的伊拉克人，應該超過十萬人吧！九一一事件中，雖然有三千名美國人喪生，但美伊戰爭卻導致超過十萬名的伊拉克人死亡；然而，卻沒有人去檢討這樣做對嗎？

如今歐巴馬總統將美軍撤離伊拉克，改為增兵阿富汗，持續攻擊。但是，「到底要攻擊到何種程度，才能還美國一個公道呢？為了要報復九一一事件，要攻擊到何種程度才叫正當呢？」對此，亦沒有人去檢討過。

我絕對不是在論述對美國不利的話語。我年輕時也曾在被凱達組織炸毀的世貿大樓工作過，那是個讓人懷念的地方，被炸毀我也覺得非常可惜。我的心情雖然和美國人一樣，但還是覺得要公平才對。

也就是說，在資訊公開的情況之下，才能判斷到何種程度才叫公平。我認為他們在評估所謂正當攻擊的程度時，稍欠公允。

為了超越歐巴馬的思維，必須要有一種更高層次的「佛神的角度」，人們必須從信仰的角度來思考政治、外交和經濟等問題。

四、幫助世界上所有的人，讓世界團結在一起

我認為日本今後將走上苦難之路，今後的十年，將會是非常嚴苛的十年。

我在《社長學入門》的「前言」和「後記」中都曾提到，今後有力的企業將陸續倒閉。

這是二〇〇九年眾議院選舉時，錯誤選擇的結果。我曾經提出警告，再這樣下去國難將會當頭，但人們卻充耳不聞。

由於目前政權的主要勢力傾向社會主義，將導致今後會有許多企業面臨倒閉。

為了要與之抗衡，我提出在宗教中十分罕見的「經營論」，還提出「當政府要摧毀企業時，如何才能建立一家不會崩潰的公司」。

因為時代在改變，宗教也必須談論企業經營和社長學。現在的宗教必須教導人們「如何才能讓企業成長，不至於倒閉？」、「要想建立一個在逆境下能夠成長的企業，該怎麼做？」

因為政府不了解要如何才能讓企業成長，宗教迫於無奈，只好指導企業如何去經營。

今後我將會視情況提出一些新的想法與建言。

有先見之明的人其想法會和輿論不一樣，能夠看到遠處的人，和無法看到遠處的人，兩者就是有著很大的不同。然而，我認為有先見之明的人，有責任提出自己的看法。

但是有先見之明的人，其看法在當下大多無法被認同，然而，我認為其看法是否正確，日後必定會被檢驗。

時代將會確實朝著我們所想的方向前進，我希望能夠設計並實現，一個能夠讓日本和其他國家的人們不會遭逢苦楚的未來。

我在幾年前就計畫於三年內，在總本山那須精舍中的三萬坪土地上興建學校。三年後，夢想確實成形了，夢想中的學校落成了。

同樣的，日本和地球上其他的國家以及這個世界，只要對未來有明確的計劃，再加上結合朝著這個目標的眾人之力，一定能夠往這個方向前進。

今後，無論是日本或世界各國，將會不斷出現許多悲觀的看法。

但我希望我們是這種低迷氣氛中的一道光芒。

希望我們是一道明亮的光芒。

希望我們是一道希望的光芒。

希望我們能夠成為創造這個國家未來的一股強大力量。

希望我們是勇氣。

希望我們是這個國家的良心。

我希望我們能夠擁有公平的標準，懷抱著能帶領這個世界的強大力量，以慈悲心幫助所有的人，興起一個巨大的運動，讓世界的人們能團結在一起。

為此，我們必須將幸福科學的教義推廣到全世界。

雖然幸福科學在政治上，其思想軸心是放在美國等採行自由主義的國家，但我們絕不討厭中國或北韓的人民。我感覺他們在時代的潮流中也正逐漸改變，我希望能夠助他們一臂之力，引領他們走向更幸福的世界。

北韓和中國都有幸福科學的信徒。

中國只承認五個傳統的宗教（佛教、道教、伊斯蘭教、天主教和基督教），而且全部都必須接受當局的監視。即使如此，我們的信徒在中國仍持續增加當中。

我們的行動絕不會停止。我希望中國和北韓的人民也能夠得到幸福，這是理所當然的事。我們也不希望他們不幸，我們希望他們能夠幸福。

我們知道讓他們幸福的方法，不過若照現況持續下去，他們將無法得到幸福。

所以我們必須要幫助他們，讓他們得到幸福。除了在國際政治和經濟中提供協助，也必須帶領他們走向幸福之路。

幸福科學並不以狹隘的想法，仇視或拉攏特定的國家，而是想帶領所有人往更好的方向前進，希望各位相信我們。

我認為最好的思想就是，「充分運用個人的自由，帶領國家和世界走向興盛和繁榮之路」。

這即是對地球懷抱著負責之人的想法。

幸福科學學園校歌

掌握未來

作詞、作曲：大川隆法
（靈指導：佛陀）

一、
我在尋找的是
未來之心
自己的使命
人生的目的
我現在雖然還是無法飛翔的雛鳥

但有一天一定能夠成為老鷹

I have a dream
夢想中的未來一定會出現
只要探究愛、知、反省和發展之四正道
就會出現覺悟之姿

父母都在等待
我成為光芒
照亮人世的那一天
直到那一天、那個時候到來
我將專心地走在精進之路

確實將未來掌握在手中

二、

我在夢中看到的是
烏托邦的樣子
法友的愛
不屈的勇氣
我現在雖然還在修行
但總有一天會綻放花朵

Keep on running
覺悟的國度就在前方

愛、覺悟與烏托邦建設的夢想
必定會在世界各地開花結果

主也一定希望
我能夠成為師
能夠轉動法輪的那天到來
直到那一天、那個時候到來
我將專心地走在忍耐之路上
不斷撒下幸福的種子

後記

我由衷感謝「教育」，為我這個生長在四國貧窮家庭的小孩，開創了我的人生。教育有著類似魔法的力量，同時也給予不斷努力的我真正的自信。

高三時，在人口八千人的故鄉川島町，只有我一個訂英文報紙。隔壁鴨島町負責送報的少年，為了我一個人，一整年每天早上都必須提早一個小時起床。每天早上，我在通車的路上專心閱讀英文報紙，遺憾的是當時我無法完全讀懂，毋寧說是浪費準備考試的時間。

但讓人驚訝的是，我在幾年後竟然成為國際貿易公司的員工，在紐約的地下鐵上讀著「華爾街日報」和「紐約時報」。當初那個因為自卑感而流淚的少年，如今卻成為用英文工作的紐約客。到了這把年紀，我深深覺得「學問沒有捷徑的」，只有努力才能打開前方之路。

幸福科學集團創辦人兼總裁
（幸福科學學園創辦人）
大川隆法

本書的內容乃依據左列的講演加以增刪而成。

第一章　教育改革
二〇一〇年五月二日說法，東京都・東京正心館

第二章　如何解決霸凌問題（原題：論霸凌問題）
二〇〇六年十二月二日說法，東京都・新宿精舍

第三章　宗教教育的目標
二〇一〇年一月十二日說法，東京都・總合本部

第四章　論教育的理想

二〇一〇年三月七日說法，栃木縣・幸福科學學園那須本校

第五章　論信仰與教育

二〇〇九年十二月六日說法，栃木縣・總本山・正心館

What's Being 018

教育之法——信仰與實學之間

作　　者：大川隆法
翻　　譯：幸福科學經典翻譯小組
總 編 輯：許汝紘
副總編輯：楊文玄
美術編輯：楊詠棠
行銷經理：吳京霖
發　　行：楊伯江、許麗雪
出　　版：信實文化行銷有限公司
地　　址：台北市大安區忠孝東路四段 341 號 11 樓之三
電　　話：（02）2740-3939
傳　　真：（02）2777-1413
www.wretch.cc/ blog/ cultuspeak
http://www. cultuspeak.com.tw
E-Mail：cultuspeak@cultuspeak.com.tw
劃撥帳號：50040687 信實文化行銷有限公司

印　　刷：漢藝有限公司
地　　址：新北市中和區中山路二段 315 巷 8 號 2 樓
電　　話：（02）2247-7654

總 經 銷：聯合發行股份有限公司
地　　址：新北市新店區寶橋路 235 巷 6 弄 6 號 2 樓
電　　話：（02）2917-8022

2011 年 8 月 初版
定價：新台幣 300 元

國家圖書館出版品預行編目資料（CIP）資料

教育之法／大川隆法作；初版——臺北市：信實
文化行銷，2011.08
面；　公分 ——（What's being；17）
ISBN 978-986-6620-36-2（平裝）

1 教育

520　　　　100014050